SV

Unter dem Titel *Über den Tag und durch die Jahre* werden Texte aus einem Zeitraum von drei Jahrzehnten vorgelegt, die insofern zusammengehören, als sie das Nachdenken üben und belegen und zwar in allen möglichen Spielarten, von der spontanen Überlegung bis zur ausgewachsenen Untersuchung, und außerdem dadurch, daß sie sich rechenschaftsbeflissen an den aufmerksamen Leser wenden – darum die bewußt schillernde Gattungsbezeichnung *Essays, Nachrichten, Depeschen.*

Gegenstand des Nachdenkens können Lektüren, Ausstellungs- und Kinobesuch sein, aber auch weniger kulturelle Angebote wie die Zigarette, die Silvesterfeier, das Sexplakat. Die andere Lebensweise, die andere Kultur (und manchmal der Kulturschock) kommen in einem römischen Brief, einer Depesche aus New York, einem Exkurs über die französische Frau und in einem Bericht über das Zusammenleben mit Schwarzafrikanern in Paris (»Der Rassismus in dir selber«) zur Sprache.

Das gründlichste Nachdenken besorgen die Essays über Dichter- und Künstlerpersönlichkeiten, die den Verfasser angesteckt und mit Kriterien ausgerüstet haben: Hamsun, Fellini, van Gogh, Robert Walser. Es sind Untersuchungen über Aspekte der künstlerischen Mittel und Form, über Ausdrucksprobleme; eine Art Werkstattspionage oder doch Aussagen über einen Lernprozeß. Nebenbei gesagt: Das Problem des künstlerischen Sagens, die Frage nach dem Wirklichkeitsstiftenden im schöpferischen Prozeß ist ein Nizonsches Generalthema. Der den Band abschließende »Versuch über das Sehen« ist unverhohlen in eigener Sache geschrieben und als bekenntnishaftes Dichtungsprogramm aufzufassen.

Nachdenken über den Tag und Nachdenken durch die Jahre: die Lektüre ist nicht nur spannend aufgrund der manifestierten Inte-ressen, sondern ebenso sehr aus Gründen des stilistischen Zugriffs, dieser Spannweite.

Paul Nizon
Über den Tag und durch die Jahre

Essays
Nachrichten
Depeschen

Suhrkamp Verlag

Erste Auflage dieser Ausgabe 2024

Umschlaggestaltung nach Entwürfen von hißmann, heilmann, hamburg
Druck: Books on Demand GmbH, Norderstedt
Printed in Germany
ISBN 978-3-518-24413-5

www.suhrkamp.de

für Elisabeth Plahutnik

I

Brief aus Rom

Der hagere Mann in der zerbeulten Hose und dem engen Trikot, dem ich immer wie zufällig begegnete, ist kein Herumstreicher. Er ist Mitglied, ja Funktionär der Straße. Er ist Parkplatzvorsteher.

Zwar ist da kein Parkplatz vorgesehen. Es ist die schmale Seitenstraße einer großen verkehrsreichen, mit einer hofartigen Erweiterung vor einer Treppe zur nächsten Piazza. Solche Gassen sind sehr gesucht zum Abstellen der Wagen, und entsprechend chaotisch mag es früher hier zugegangen sein. Jetzt herrscht peinliche Ordnung: Er hat sich eingefunden und eingemischt, die Gelegenheit wahr- und die Ecke in Beschlag genommen. Nun hat er eine Position. Lebt wie ein Angestellter, hat eines solchen Regelmäßigkeiten, Ärger und Not und berechtigten Anlaß zu Seufzen und Klagen. Vor allem hat er viel zu tun. Aufgeregt flitzt er zwischen den Wagen hindurch, weist kommende ein, schützt ausfahrende, berät, belehrt, nimmt Trinkgelder und Schlüssel entgegen. Taxen erhebt er keine. Um so mehr beweist er Ehrgeiz und Ethos des Fachmannes.

Wenn der erste Andrang vorbei ist, beginnt erst die Arbeit. Er reiht die Wagen einreihig, zweireihig längs der Mauer auf, greift dann auf den Vorplatz der Treppe über, bis nur noch ganz enge saubere Passagen bleiben. Er kennt die Möglichkeiten, Verhältnisse und Tricks so gut, daß er immer ungeduldiger, unleidlicher, ja verdrießlich wird vor quälendem Besserwissen. Die in Parkierungsmühen manövrierenden Wagen zerrt er mit Händen in die Lücken, als hielte er eine Kuh am Schwanz, gestikulierend, fluchend und sich beschwerend über die Fron, die er sich selber auferlegt hat. Doch die Maschinenwelt hat er sich hübsch in eine bäurische umtransponiert. Von oben sieht das aus wie ein Markt. Wie zum Trocknen oder Kauf ausgelegte Schalen, die in der Sonne gleißen, gesellig.

In flauen Zeiten sucht er sich den bequemsten Wagen mit Radio aus und setzt sich hinein. Dann steigt plötzlich eine leise klare Musik auf, was er eben einfängt, Debussy, Brahms waren's einmal, französische Chansons ein andermal, ich bin zum Fenster gelaufen, mich zu vergewissern, ob ich in Rom sei oder träume. Oder er redet durchs Gitter mit den Köchen im Kellergeschoß oder mit den Droschkenkutschern, die weiter vorne ihren Standplatz haben.

Wie der Portier sagt, verdient er an guten Tagen fünf- bis sechstausend Lire (in Süditalien soll es noch Landarbeitertagelöhne von fünfhundert geben), nur vertrinkt er das meiste. Und er kann, da sein Beruf nicht mehr als ein illegitimes Provisorium ist, jederzeit verjagt oder gar geschnappt werden. Dann werden in unserer Gasse wieder die chaotischen Zustände von einst einreißen, bis er sich die Ecke erneut sichert. Oder ein anderer.

Adalgisa heißt die respektgebietende Matrone, die bei Freunden ambulant den Haushalt besorgt. Kürzlich hielt ihre Tochter Hochzeit, das muß nicht nur ein Glanzstück, sondern ein Anschauungsunterricht in soziologischer Hinsicht gewesen sein. Neun Jahre waren dic Armen verlobt. Er arbeitet in einer Druckerei, sie ist Schneiderin, wohnte mit zwei erwachsenen Geschwistern und den Eltern (fünf Erwachsene insgesamt) in einer Zweizimmerwohnung ohne Wasser und WC direkt unterm Dach, unter Sparren und Ziegeln, wenn es regnete, mußten Eimer aufgestellt werden.

Neun Jahre Verlobungszeit, Enthaltsamkeit natürlich. Man sah sich abends in familiärem Kreis oder am Sonntag unter Aufsicht. Neun Jahre, lange Jahre, dem Sparen zubestimmt. Am Sparen beteiligten sich hauptzwecklich beide Parteien. Man sparte für die Möbel, für die Vespa und das Fernsehgerät. Besonders sparte man aber für ein überstandesgemäßes Hochzeitsfest.

Das Ersparte hat nicht einmal ausgereicht, beide Parteien werden an den zusätzlich aufgenommenen Wechseln gut und gern zwei bis drei Jahre abzahlen. Doch das Fest wird man nie vergessen. Hundert Gäste, darunter Familienangehörige aus den verlassenen Dörfern, von wo man einst den Sprung in die Stadt gewagt hat, Landarbeiter, auch Fischer von der Küste, fuhren in mehreren Autobussen nach Frascati. Es gibt da ein auf Hochzeiten spezialisiertes Restaurant, fünf Glaspavillons, in allen werden gleichzeitig die Feiern abgehalten. Verschiedene Weine, sechs Gänge, Sekt, alles vom Fließband. Hochlebenlassen, Reden, Reden, Musik, Tanz. Abundantia stundenlang. Einmalige Zäsur, nicht nur im Leben des Paars: Zäsur auf dem Weg der Sippe. Denn was unverhältnismäßig pompös gefeiert wird, ist nicht einfach Sache von Individuen. Es ist der Sieg der Sippe, der es mit vereinten Kräften gelungen ist, den Aufstieg in die nächsthöhere Klasse zu schaffen: vom Arbeiter- in den Kleinbürgerstand. Die Jungen wohnen in einer Vierzimmerwohnung, mit zwei Badezimmern, einem für den Herrn, einem für die Dame. So sieht der neue Rahmen wenigstens aus, auch wenn sie ihn noch nicht ausfüllen. Das tägliche Leben spielt sich vorerst noch zaghaft in der Küche ab. Die piekfeinen komfortablen unbewohnten Räume stehen für die erreichte Stufe, und das zu feiern waren neun Jahre des Harrens und Sparens wert.

Verbürgen kann ich mich nicht, doch wahrscheinlich stimmt der Sachverhalt der Novelle: Der Kippensammler, dem man bei Einbruch der Nacht im Zentrum begegnet, ist nicht zu bedauern. Die Ragazzi, Vitelloni, Elegantoni, die an den Ecken oder vor Bars rauchen und schwatzen, müßten, wenn sie derartiger Empfindungen fähig wären, sich ihrer Nichtsnutzigkeit und Dolce vita nicht schämen: Der abgerissene Alte, bewaffnet mit einem Spazierstock, an dem er einen Sporn zum Aufspießen der Zigarettenkippen angebracht hat, ist kein Clochard. Er arbeitet. Für eine Organisation. In der einen Hand trägt er eine große Papiertüte, die Riesenmengen von Stummeln verschlingen kann. Gleichmütig geht er am Randstein entlang, beugt sich ruhig mitten in die Gruppen der Nachtvögel, pickt auf, was er findet (gern ausländische Tabake). Das geht mühelos, der Stock wirkt in seiner Hand wie ein Magnet.
Auf dem warmen rötlichen Mauerstein fiebern die

Leuchtschriften, blau, gelb, grün, aus Bars und Fenstern quillt schwallartig das Honiglicht, und auf dem Pflaster die dunkelgekleideten Leute, nicht hastig, gelassen wie auf einer Party. Nie käme man auf den Gedanken, im Freien zu sein. Wir sind drin, im sonnengeladenen und lichtdurchheizten Mauerwerk. Nur das Schnaufen der Wagen erinnert an die Straße. Ihr Schnauf stößt heiß an die Kleider. Im Stall der Stadt, mittendrin.

Anzunehmen ist, daß der Kippensammler keine Neidgefühle hegt. Es sind nur die nächtlich gelegten Arbeitsstunden, die er abarbeitet. Er ist Rohstofflieferant, den Ertrag gibt er gegen Bezahlung ab. Anderswo arbeiten jetzt andere Kippensammler, die Kollegen oder die Konkurrenz, wie immer er's nennt. Übrigens arbeiten ja auch die Leute der Verkehrsbetriebe, der Zeitungen, die Taxichauffeure bis spät in die Nacht. Und irgendwo warten die Aufkäufer, die Fabrikanten, die aus dem angelieferten Stoff ihre Hausmarke mischen und die Zigaretten drehen. Ob sie wohl verpackt werden? Jedenfalls sind sie billiger als die sehr teuren landeseigenen und importierten Produkte, so ist der Absatz gesichert. Und tagsüber, wenn die Elegantoni in ihren Büros und Betrieben angeblich arbeiten, sitzt der Kippensammler in der Cantina oder Bottiglieria, wenn er nicht im eigenen Fahrzeug unterwegs ist, wer weiß. Geschäft ist Geschäft und figuriert in Rom hoch oben auf der Leiter der Werte.

Victor Mature spaziert die Via Veneto, Samstag frühnachmittags, bei noch spärlich besetzten Tischen, einmal rauf, einmal runter. Im lose hängenden roten Hemd, in offen schwenkender Jacke, auf deren Kragen die fettigen Haare sich zipfeln, die engen Hosen in Stulpenstiefeln; in breitem Stiefelgang also, die Arme abgebogen, die Hände revolvergriffkrumm, so marschiert er, mit dem Gebaren des Angewidertseins und gramvoll wulstigem braunem Gesicht, riesengroß, an der Seite eines Blondchens – nicht Starlet, eher Lehrerin –, wie gesagt, einmal rauf, einmal runter. Ich war so verblüfft, daß mir der Name einfiel, bevor noch die Reporter erschienen. Da ging er, leinwandentsprungen leibhaftig. Fünf Reporter waren kurz darauf zur Stelle, sein Manager muß sie telefonisch benachrichtigt haben. Ein Raunen ging durch die magere Reihe der Tischchengäste. Einige liefen los. Autogrammjäger. Ein Bekannter sah ihn andern Tags sich in offener Droschke coram publico rasieren.

Im Postamt von San Silvestro erregten andere von weither gereiste Gäste mehr als Aufsehen, sie forderten Parteinahme heraus, lockten immer mehr Volk an und entzweiten es durch ihr bloßes Dasein.
Es waren bescheidene demütige Menschen. Ein kleingewachsener schwarzhäutiger Mann mit langem Haupthaar und Bart, europäisch gekleidet, doch barfüßig, verhandelte am Schalter. Es war ein ungewöhnlich kühler, regnerischer Tag, der an Wetterumbruch denken ließ. Um den schwarzen Mann und seine Begleitung hatte sich ein Kreis von erregten Italienern gebildet, und draußen vor dem Postamt warteten diskreter, doch entschlossen, weitere Grüppchen und Einzelne.

Es ging um seine Begleiterin, eine hochgewachsene junge Frau in Hosen und Pullover, blond, ungepflegt vielleicht, jedoch keineswegs herausfordernd, vielmehr ernst und still, wenn auch sichtlich verängstigt durch die beharrliche und weiter anwachsende Menge der Schaulustigen. Man begriff das Unbehagliche ihrer Situation, andererseits war, was sie da auf dem Arm hielt, einfach unerklärlich, nein, unverantwortlich. Skandalös. Sie trug ein splitternacktes braunes Kind im Arm, das quicklebendig herumturnte. Ein reizendes Kind, gesund, schöngliedrig. Das fanden und bewunderten die einen. Aber warum nackt? Warum diese Bloßstellung, die das Kind zum Äffchen machte und außerdem bei dieser Witterung? Das entrüstete und erboste die anderen. Teilnahmslosigkeit angesichts der ungewöhnlichen Familie, die so wehrlos schien und dennoch Rabeneltern zeigte, war ausgeschlossen. Es konnte sich bestimmt nicht um einen Publizitätstrick handeln, die Leute sahen nicht danach aus. Einige witterten Schicksal. Man kam nicht davon los.

Eben erschienenen Presseberichten zufolge handelt es sich um das Ehepaar Hakim und Kunu von den Bermudainseln. Sie forderten das Einschreiten der Polizei, als sie an der berühmten Fontana di Trevi statt einer Münze allen Ernstes im Begriff waren, ihr acht Monate altes Kind Oonie in den Brunnen zu werfen.

(1960)

In New York

Ich wachte vom Sonnenlicht auf, das in den Raum flutete. Der Raum war ein schäbiges Loch im ich weiß nicht wievielten Stockwerk eines verlausten Hotels an der dreiundvierzigsten Straße. Ich sah das Bett, eine Art Schragen, und der darauf lag, angezogen, war ich. Ich starrte an die Decke, in welche mit fransigen, schwer leserlichen Lettern irgend etwas, das mit FUCK begann, eingebrannt war, eingebrannt wie ins Fell eines Rinds. Ich lag in dem lichtdurchfluteten Loch, sah den Vorhangfetzen sich blähen vor dem offenen Fenster, und gleichzeitig mit der Wahrnehmung der Umgebung hörte ich die Polizeisirenen winseln, ich weiß nicht, ob Winseln das richtige Wort ist, es ist eher ein Jaulen, ganz hoch, fast stimmlos, wie durch die Nase gepfiffen, ich liebte dieses Geräusch damals schon, und jetzt waren die Sirenen meine Morgenmusik. In der Ecke sah ich ein Brünnlein, gelbverfärbt, bräunlich, eher ein Pißloch als ein Lavabo, und ich hievte mich vom Liegen ins Sitzen und angelte nach meinen Schuhen mit den Füßen, den Boden wollte ich nicht berühren, nicht einmal mit Strümpfen, er sah nach einem Ungeziefertummelplatz, einer Bakterienkultur aus, so schlüpfte ich gleich aus dem Zimmer. Im Gang sah ich zwei verdächtige Kerle herumlungern, sie gaben vor, mit Besen und Eimer beschäftigt zu sein. Ich ging zum Lift, der offenstand, wagte mich hinein und schepperte abwärts. Im Lift hatte ich Angst, und während ich an

dem fetten Menschen im Unterhemd vorbeiging, der an der Rezeption verächtlich an mir vorbeisah, kam mir zweierlei zu Bewußtsein: erstens, daß ich mich grundlos glücklich fühlte, leicht und frei; und zweitens, daß ich in diesem Hotel genächtigt hatte, weil ich kurz zuvor ausgeraubt worden war und mit dem in den Taschen verbliebenen Kleingeld eben gerade noch dieses Hotel hatte bezahlen können.
Ich war in einen Hauseingang gedrängt und drinnen von zwei Schwarzen in Empfang genommen und erst einmal richtiggehend gefilzt worden mit Händen, die an meinen Seiten, Rippen, Beinen entlang mich abtasteten, in den Achselhöhlen und zwischen den Beinen, warum gefilzt, hatte ich gedacht, das macht die Polizei, und dabei war ich zu meinem Erstaunen vollkommen ruhig, ich sah zu, wie sie mir das Geld abnahmen und die Reiseschecks, den Paß warfen sie zusammen mit anderen Papieren zu Boden, ich sah zu, ließ es geschehen, und merkwürdigerweise fühlte ich so gut wie keine Angst, eher Neugier. Den Paß hob ich bei der ersten sich bietenden Gelegenheit auf, ein Reflex. Und dann suchte ich an ihnen vorbeizukommen, ich konnte nicht begreifen, daß sie mich zurückdrängten und immer noch nicht passieren lassen wollten, nichts wie weg, dachte es in mir, und Beschwichtigungen murmelnd und schubsend wie ein Betrunkener kam ich endlich an ihnen vorbei. Da baute sich eine Frau mit einem Dobermann vor mir auf, ich stieß sie weg, worauf sie den Hund auf mich hetzte, der mich ansprang und ins Bein biß. Dann war ich auf der Straße, wenn auch mit klaffender Hose und blutend am Bein, doch weder in Panik noch son-

derlich grollend, auch nicht bekümmert, eher kam es mir vor, als hätte ich nun den Zoll bezahlt.
Und frei fühlte ich mich an jenem Morgen, als ich von meinem Hotel aufbrach und die diversen Avenues eastwärts überquerte, das Morgenlicht ahnte ich mehr, als daß ich es sah, es war, als taste etwas wie Licht in eine Gletscherspalte oder in einen Schacht, einen Betonsarg, und über die Straßen strömten mir Menschenmassen entgegen, die Frühschichtler, hier in Manhattan kam es mir nicht wie das Morgengeflute von Menschen vor, eher so, als hätte sich ein Schlund aufgetan. Ich dachte an fliehende Leiber bei einem Steppenbrand oder an wallendes Gras, ich ging oder schlüpfte durch das Menschengras, und die Straßen rauchten aus vielen kleinen Höllenlöchern, auch das verstand ich nicht, bis ich später erfuhr, die rauchenden Straßen New Yorks hätten mit unterirdischen Heizungssystemen für die Bürowolkenkratzer zu tun, es handelt sich um in der Kaltluft kondensierende Heißluft aus den Heizungspipelines.
Ich kämpfte mich durch die räuchelnden wallenden Straßen, sie schienen mir die vernutztesten, löchrigsten und schlüpfrigsten der Welt, und die ganze hochragende Stadt hatte etwas Unwirkliches wie in Gullivers Reisen, sie war das verkörperte HANDS UP oder auch wie vorsintflutliches Zähneblecken, an jenem wundervollen Morgen jedoch glaubte ich zu verstehen, was die Leute an dieser Stadt fasziniert, es ist die Freiheit in Form von Erleichterung, ich fühlte mich auch erleichtert oder besser ausgenommen, aber nicht nur ausgenommen wie ein Beraubter, sondern wie ein Huhn, dem die Innereien entrissen sind, so

fühlte ich mich in New York. Wäre ich ein Einwanderer gewesen, so hätte ich wohl nach den Sternen oder wenigstens nach einem Whisky zu greifen das kräftige Verlangen verspürt, als wäre es wirklich die Neue Welt, die mich empfing mit unbegrenzten Möglichkeiten und dem Versprechen, alles vergessen zu können, was mit der Alten Welt zusammenhing. Da ich aber nur sehr mangelhaft amerikanisch sprach und infolgedessen wenig verstand, lief ich herum, wunderbar leer, die Freiheit ahnend, die die Freiheitsstatue dem Immigranten verheißt, wenn er von Staten Island auf der Fähre auf die Silhouette zufährt, die für viele das gelobte Land war. Ich in New York, du hier?

(1979)

Die Concierge, die brave, aber barsche Wächterin unseres Hauses, sagte mir einmal, die Zigarette zwischen den angemalten, leicht verschmierten Lippen, in einer Anwandlung von Leutseligkeit, während sie sich im Hof mit dem gußeisernen Brünnchen und den von ihr gehegten Zierbäumchen (in Kübeln) vor mir aufbaute, und die Zigarette wippte auf und nieder, und die Luft roch scharf vom Javelwasser, mit welchem hier alle Conciergen Hof und Treppenhäuser reinigen; sagte mit ihrer heiseren Stimme, sie ist nämlich nicht nur Kettenraucherin, sie trinkt auch, darum der abrupte Wechsel zwischen mürrischer Grußlosigkeit und dann wieder explosiver Schwatzhaftigkeit (der Stimmungsumschwung folgt wohl den vor- und nachalkoholischen Zuständen, Gezeiten); sie sagte, sie kriege Atembeschwerden, kaum daß sie Paris verlasse; Frischluft, also Landluft (oder gar andere, ausländische Luft?) komme für sie schon darum nicht in Frage, weil sie anderswo einfach nicht atmen könne, sie bekomme sogleich Halsschmerzen davon.

Die Bemerkung war vielleicht eine Art Liebeserklärung an Paris, eine lokalpatriotische Erklärung und dazu eine Grenzmarkierung, leise Verwahrung dem Zugezogenen gegenüber, eine selbstbewußte Bemerkung auf jeden Fall. Sie ist ja auch stolz darauf, eine geborene Einheimische zu sein unter all den Hergelaufenen, vielen Afrikanern, Arabern darunter, die heute die Straße bevölkern und immer stärker auch unser Haus besetzen, ob es ihr paßt oder nicht, darum wohl die Bemerkung. Im übrigen gibt sie sich weder ausländerfreundlich, noch -feindlich, sie ist nicht parteiisch, nur mürrisch, wohl von Natur oder Geburt aus, und sie nimmt, wie alle Conciergen, die gesamte Post ohne Unterschied für alle im Haus entgegen, sie ist es, die die Briefe und Sendungen in die Briefkästen oder direkt an die Empfänger verteilt, sie ist über alles im Bilde, während die häufig wechselnden Hausbewohner, die sich kaum kennen, keinen Überblick haben können. Die Postverteilung ist nur eine Aufgabe unter anderen, neben der Treppenhausreinigung etwa, aber ein Hinweis auf den Vertrauenscharakter ihrer Stellung: eine Concierge hat sehr häufig auch ein Duplikat von Wohnungsschlüsseln in Verwahrung.

Unsere Concierge ist tüchtig, sie hält das Haus in Schwung, und sie ist kein dienstbarer Geist, sondern eine selbstbewußte Person, eine Französin, die auf ihre Ernährung Wert legt, sie kauft nur beste Ware auf den umliegenden Märkten des Arrondissements ein, bestes Fleisch, ausgesuchtes Frischgemüse das ganze Jahr hindurch, sie sagt, sie sei auch schon im Ausland gewesen, aber nie wieder, sagte sie, das Essen sei schauderhaft gewesen und dazu teuer und der Wein ungenießbar.

Eine typische Bemerkung für sie; bedenke ich es richtig, dann hat sie in den eher seltenen Fällen, wo sie mich einer Meinungsabgabe überhaupt für würdig hielt, eher Unzufriedenheit verbreitet als Freundlichkeit, darum bin ich ja auch so überrascht, feststellen

zu müssen, daß ich sie mag. Ich glaube, ich mag ihre Lebensfrechheit, das Unsentimentale und den Umstand, daß sie das pure Gegenteil von mitleiderregend, alles in allem keine seelische Belastung, eher schon eine Herausforderung, wenn nicht Zumutung, kurzangebunden, nicht gottergeben, die wandelnde Unabhängigkeitserklärung, alles andere als tadellos, aber eindeutig, ich meine: immer sie selber ist.
Sie trinkt und raucht, nun. Das Trinken hat sie, wie sie neulich bekanntgab, etwas zurückstecken müssen, sie hat dieser nationalen Untugend doch wohl ein wenig zu stark gefrönt, vor allem zu lange schon. Sie sei über sechzig. *Nicht möglich.* Ich sagte es ehrlich verblüfft.
Zwei erwachsene Söhne. Weiß nicht, ob sie verwitwet oder geschieden ist, vom Mann ist nicht die Rede, jedoch vom jüngeren, noch unverheirateten Sohn, der immer noch jeden Tag bei ihr ißt. Es versteht sich, daß unsere Concierge nichts Muttchenhaftes ausstrahlt, das Mütterliche geht ihrer Erscheinung ab. Das Mütterliche scheint überhaupt nicht zu den hervorragenden Eigenschaften der französischen Frau zu gehören, was nichts gegen die Familie als Wert aussagt. Die Familie zählt wohl schon sehr, aber das Ideal der Französin ist nicht die möglichst baldige Mutation in eine Mutter- oder Matronenerscheinung, nein. Auch unsere Concierge, wenn sie das Haus verläßt, um auf den Markt zu gehen, macht sich auf, als ginge sie auf Männerfang, sie putzt sich heraus, malt ihr Gesicht an.
Auch all die alten und selbst die ältesten Frauen, die hierzulande zu allen Stunden des Tages, oft recht früh

schon, in Bars und Cafés an ihrem Gläschen nippen oder in den vielen kleinen und größeren Parkanlagen sitzen, alles beobachten und beschwatzen, sehen nicht so aus, als hätten sie sich auf Grund ihres Alters neutralisiert, ausgelöscht. Sie wirken nicht geschlechtslos, sie können wie die gespenstische Ausgabe der jungen koketten Person von einst aussehen, übertrieben vielleicht, doch es wirkt wie die nackte Behauptung nach irgendwelchem Lustgewinn. Warum auch sollte das an Abschreibungen reiche, harte Alter a priori eine Abdankung bedeuten und die Akzeptanz des totalen Verzichts sein? Verzichts auf Putz und auf Weiblichkeit, sofern man Weiblichkeit nicht mit Mütterlichkeit, sondern mit dem Verführerischen gleichzusetzen bereit ist. In Frankreich nicht.

In der französischen Kunst hat die Darstellung der weiblichen Schönheit immer schon etwas Kokottenhaftes gehabt, selbst die gotischen Madonnen in Frankreich hatten diesen Einschlag, den man aus nördlicher Sicht fälschlicherweise als lasterhaft auszulegen bereit war; man ging so weit, der französischen Madonna einen hurenhaften Anflug nachzureden, dabei ist es einzig die Verwechslung von lasterhaft mit verführerisch. Die weiblichen Schönheiten in der großen Malerei dieser lange als *Grande Nation* geltenden, in Kunst und Lebenskunst führend, maßgebend gewesenen Nation haben allesamt dieses erotisch Verführerische, von Fouquet bis Ingres, von Manet bis Bonnard und bis Modigliani. In der abendländischen Kulturgeschichte reimt sich der Schönheitsbegriff lange auf weibliche Schönheit, in Frankreich aber muß die Schöne erotisierend, verführerisch sein: es bedarf dieser unsublimierten, sinnlichen, dieser *profanen* Qualität, damit die Frau als Lebenswert schlechthin erscheine. Ich glaube, die französische Frau ist Gattin in erster Linie, also bleibt sie ihrem Ideal, ihrem Selbstverständnis nach eher Buhlerin als Gevatterin.

Ich las einmal zufällig, ich glaube, es war bei Kasimir Edschmid (einem fast vergessenen expressionistischen Autor), die französische Frau trage die Seele auf der Brustwarze, ich weiß nicht mehr, ob er damit einen Vorzug oder etwas Herabsetzendes meinte. Falls letzteres der Fall gewesen sein sollte, wäre energisch zu widersprechen, denke ich, denn eine beseelte Brustwarze ist nicht nur eine reizende, gewissermaßen sprechende Brustwarze, sie ist das Gegenteil von trägem oder allzu schwerem Fleisch, das Gegenteil von Nur-Fleisch, Animalität. Vielleicht aber meinte er auch, die Seele, das Göttliche im Menschen, müßte tiefer im Inneren verborgen und versteckt hausen oder womöglich in noch gebührenderem Abstand vom vergänglichen und manchmal schwitzenden Fleisch wohnen. Ich denke: Vermutlich sind Frauen, die fähig sind, die Seele auf der Brustwarze zu tragen, keine Jammertalanbeterinnen und können Französinnen sein, obwohl sie eine Seele *haben*.

Es wird hier von einer spezifischen Lebenseinstellung gesprochen, und darin hat das irdische Glück, vermutlich darum, weil es selten und so vergänglich ist, einen einmaligen Stellenwert. So sehr in der französischen Kunst die weibliche Schönheit den verführerischen erotischen Einschlag nicht nur haben darf, sondern soll, so sehr kreist die gesamte Malerei dieser Nation um das Thema des *paradis terrestre*, des Paradieses auf Erden; und innerhalb desselben nimmt die irdische Liebe eine zentrale Stellung ein.

Die weltliche und damit die geschlechtliche Liebe ist hier nicht nur Gipfel einer Glücksvorstellung, sondern ein Faktor von kulturellem Rang, wie sie andererseits ja auch nicht nur als ein Gottesgeschenk angesehen wird, nicht nur als ein im Heimlichen oder Himmlischen sich dann und wann einfindendes Ereignis, sondern als Funktion einer Kultivierung, eben der Liebeskultur, was sich auch sprachlich ausdrückt: auf französisch wird Liebe *gemacht.*

Hört man sich die *unsterbliche* PIAF an, deren Grab auf dem Pariser Friedhof Père Lachaise noch heute alltäglich von frischen Blumen bekränzt wird, was einiges über ihre weiterdauernde Beliebtheit, ja über ihren Nationalheldinnen- oder Heiligencharakter aussagt, dann hört man einer Liebe zu, die sich unverblümt im Bett abspielt, auf Erden und in Hotelzimmern und in den Armen und Beinen des anderen, die also ebenso wenig metaphysisch ist wie das die Sängerin begleitende Akkordeon. Welche Lichter und tiefen Blicke aber werfen diese Lieder auf das einmalige Menschenleben, das sich wie nirgends in der Liebe und im Liebesschmerz selbst erkennt! Welch tragischem Lebensgefühl sind diese irdischen Glücksmomente entrungen! Es ist die Nacktheit dieser Lieder, die den menschlichen Klang erzeugt.

Ich kannte hier eine Frau mittleren Alters, Geschäftsfrau durch und durch, Inhaberin eines kleinen Druckereibetriebs, in dem auch Maschinen verkauft und

Fotokopien erstellt werden. Sie fuhr am Morgen in ihrem Wagen ins Geschäft und spät abends wieder nach Hause, sie führte das geordnetste, ein in gewissem Sinne langweiliges Leben, da war zu oft keinerlei Abwechslung sichtbar. Sie hatte zwei erwachsene Kinder, einen Sohn, eine Tochter, die beide ihrerseits Kinder hatten. Und da erzählte sie mir einmal beim Essen und bei einem wirklich sehr guten schweren Wein so nebenher, als spreche sie von ferneren Angehörigen, sie sei nie verheiratet gewesen; beide Kinder seien unehelich und von verschiedenen Vätern zur Welt gekommen; sie sagte, der eine sei ein verheirateter, schon älterer Mann gewesen, der andere jünger, aber für sie damals sonstwie ehelich nicht erreichbar. Doch waren beide nicht das, was man ein Abenteuer nennt, im Gegenteil, sie waren Partner langwährender Liebesbeziehungen, die Männer ihres Lebens; den einen hat sie begraben. Da war auch nicht der Anflug von bürgerlicher Unehrenhaftigkeit zu spüren, schon gar nichts von Reue, von Bitterkeit. Da saß diese mittelalterliche, leicht füllige Geschäftsfrau, und ihr meist etwas fades Gesicht nahm diesen träumerischen Ausdruck an. *Ah, l'amour, vous savez* … Und es war, wie wenn die Piaf gesungen hätte.

Paris ist die Stadt der hellsten Himmel und der weltlichsten Liebe, nirgendwo hatte ich schon als junger Mensch oder junger Spund dieses erregende Gefühl beim Flanieren, daß hinter jeder Bartüre und hinter jeder Ecke die Liebe nicht nur verborgen, sondern erreichbar, in Person *da* sei. Dieses Gefühl ging als unvergleichliches Versprechen und als unversieglicher Trost unmittelbar über die Luft in meine spazierenden Glieder und in mich ein. Anderswo sind Hurenbezirke finstere Gettos an krummen Gassen, und die Prostituierten stehen vor Türen, die direkt in das Fegefeuer, wenn nicht in den Hades oder doch in die dermatologischen Abteilungen von Spitälern zu führen scheinen. In Frankreich und erst in Paris ist es anders.

Es kann an einer der vornehmsten Avenuen und vor dem Eingang eines imponierenden Mehrsternehotels sein, und es kann an einem jener Vorfrühlingstage stattfinden, da sich der frühe Nachmittag urplötzlich in den strahlendsten Rivieratag verkehrt, von einem Licht durchdrungen, das gar nicht zum trübscheckigen März paßt. Du gehst unter den kahlen Bäumen, benommen von der Sonne, und da siehst du eine Schöne neben dem Hoteleingang stehen, sie steht reizend da, ein Summen auf den Lippen, nun lächelt sie dir zu, und du denkst, das ist doch nicht möglich, nicht vor *diesem* Hotel und in dieser hochnoblen Gegend und im hellsten Frühnachmittagslicht, das muß eine Täuschung sein, aber nein, sie lächelt strahlend, und nun mimt sie mit ihrem Kopf eine einladende Geste, die ganze Person strahlt dieses Glücklichmachende, ein Versprechen aus. Und ich bin sicher, sie denkt nicht: Komm her, Kerl, dich schaffe ich auch noch; sie sagt in Gedanken: Es ist ein herrlicher Tag, und es ist heute, ein Nachmittag wie geschaffen dafür, ich werd' es dir schön besorgen und dich veranlassen, es auch mir schön zu besorgen, ich habe Lust, und ich brauche auch Geld, aber das ist es nicht allein, komm... Und ich bin fast sicher, daß es sich bei der Schönen nicht unbedingt um eine Prostituierte handeln muß, obwohl sie Geld nehmen wird; es kann ein Ladenmädchen, eine Studentin, ein Mädchen sein, das sich in einer vorübergehenden Klemme befindet, und nun hat es sich da hingestellt und ist bereit (für das Tauschgeschäft), bereit für mehr als das; und der Portier drinnen am noblen Empfang hat sie natürlich längst bemerkt. Eigentlich müßte er sie wegnötigen, aber was soll's, sagt er sich, wer hätte nicht Lust an einem solchen Tag... und überhaupt, die Kleine... Und würde man hingehen und ihr in ein Hotelzimmer folgen, es könnte überaus schön, ein wunderbarer Nachmittag werden mit dieser *belle de jour*, ein Tag der Liebe; und gewiß würde sie nicht knirschen: »Aber meine Seele kriegst du nicht, du Hund«, wie besagter Kasimir Edschmid, wenn ich nicht irre, es einer Slawin in den Mund legt; diese Französin könnte so etwas nicht einmal denken, wo sie doch die Seele auf ihrer Brustwarze trägt und gleich mitherschenkt, übrigens ein Grund mehr, warum das Liebemachen in Frankreich etwas ist, das den moraltheologischen Satz »animal post coitum triste« definitiv widerlegt.

Es muß damit zusammenhängen, daß es eine Frau mit nackter seelenvoller Brust ist, die auf Delacroix' Bild auf der Barrikade den Männern vorangeht und zwar der *Freiheit* entgegen; ich meine, es ist begreiflich, daß die Männer ihr nachsteigen, nachlaufen.

»Heute ist Frankreich der vielleicht letzte Hort der Liebe«, schreibt Graf Keyserling in seinem Buch »Das Spektrum Europas« und führt aus: »So werden wohl die, welche noch zu lieben fähig sind, immer mehr dorthin pilgern... Bei der Kunst der Liebe handelt es sich allerdings, wie bei jeder Kunst, um ein besonderes Können: um ein selbstverständliches Zusammenschwingen von Körper, Seele und Geist. Dieses Zusammenschwingen macht die Liebe, wie sie die Frauen meinen und jeder Mann sie für seine Person ersehnt. So ist Frankreichs Liebeskult denn mehr als eine Weltanschauungsfrage: er beruht auf Begabung, Begnadung. Er ist Ausdruck vorbildlichen Könnens. Sinnenfeindschaft beweist, wo nicht moralische Häßlichkeit, nie Besseres als Impotenz. Denn der Heilige transponiert und sublimiert nur eine von Hause aus starke Liebesanlage. Nie noch ward ein Unsinnlicher heilig. Möchte denn Frankreich zum mindesten in dieser einen Hinsicht für ewig das alte bleiben«, schreibt Graf Keyserling.

Es ist eine Weile her, daß er das schrieb, doch seine Bemerkungen sind auch heute noch gültig oder, anders gesagt: das, was er ausdrückt, überlebt hierzulande immer noch, wenn auch in anderer Form. Das Klima ist, wie überall, auch in Frankreich, auch in Paris, kühler geworden, das Café *Wepler* an der Place Clichy hat mit Henry Millers Etablissement aus seinen »Stillen Tagen« allenfalls noch den Namen gemein, das aber trifft ja auch auf das *Dôme* und *Select*, sogar auf das *Coupole*, das *Flore* und das *Deux Magots* zu. Auch Pigalle hat sich schrecklich verändert, verhärtet, ernüchtert, wenn auch Platz und Straßen und Bauten noch dieselben sind wie ehedem; wie damals, als ich als Berner Schuljunge in der Nähe der Place Pigalle bei meiner Pariser Tante die Ferien verbrachte und von dem bengalisch vibrierenden Nachtleben, dieser atemberaubenden Verkehrung der

Nacht zum Tage, dieser tausendundeinen Nacht ins Taumeln geriet, angesteckt und geblendet für immer.

Wenn ich es richtig bedenke, hatte ich auch damals schon eine gewisse Härte und Kühle verspürt, eine Vorwegnahme viel späterer Einsamkeitsanfälle; etwas wie Furcht? Furcht vor der Herausforderung.

Genau so wie das als Ort der Dichter und Liebenden berühmte, als Inbegriff der Lebenslust verlockende Paris für den Ankömmling eine harte unerbittliche mitleidlose Stadt sein kann, genau so sind die französischen Frauen keine leicht zugänglichen Wesen, wenn sie auch wie die lebensgroße Aufreizung daherkommen und mit ihrer sprichwörtlichen Augensprache und weiterer Koketterie wie die geborenen Anmacherinnen, auf französisch *allumeuses* wirken mögen. Die französische Frau kann sehr kühl, hochmütig, ja abweisend sein, genau wie Paris. Gerade darum, weil sie die Liebe nicht in himmlische Höhen verbannt, sondern auf Erden zu *machen* begabt und willens ist, wenn es sich fügt, kann sie der Männerwelt gegenüber gar nicht anders als selbstbewußt und selbstbestimmend auftreten. Kein Widerspruch. Ein Boxer ist ja im Alltag auch kein Dreinschläger und leichtes Objekt für Randalierer, bloß darum, weil seine Sache der Faustkampf ist, er wird seine Kunst nicht bei jeder sich bietenden Gelegenheit verschleudern.

Nein, das demütigende Gefühl, wesentlich Beutestück oder Spielzeug für den männlichen Gebrauch oder aber mütterliches Ruhekissen zu sein, dürfte keine aufdringliche Heimsuchung der französischen

Frau darstellen. Die Heldinnen im französischen Film sind ja auch keine in diesem Sinne Leidenden. Sie sind natürlich Verführerinnen, doch immer erwachsene, mündige Partnerinnen ihrer Liebhaber. Ich denke, daß die französische Schule der Frauen keine leichte, aber eine Hohe Schule ist.

(1982)

Im dunklen Erdteil von Paris
Der Rassismus in dir selber

Nachts, wenn ich unter unserem Mansardendach schmorend ans Fenster trete, um auf die offenen Fenster der Nachbarhäuser oder des Hinterhauses zu blicken, sehe ich halbnackte dunkelhäutige Leiber auf Lagern hingestreckt oder in Fenstern hängen, und die Hitze brütet, und die Straße schickt Rufe herauf, Gelächter oder auch nur dieses Murren, kehlige Knurren, unterbrochen vom Aufkreischen eines anspringenden Motors; und der Gestank der Abwässer steigt hoch und sonstige faulige Gerüche. Der Lärm, der von der Straße mit ihren Bars und den jetzt sommers überall offenen Fenstern zu mir dringt und mich wachhält, ist ein ewiges Brodeln, es hat, wie ich weiß, auch mit den bis in die Morgenstunden herumstehenden schwatzenden Dunkelmännern zu tun.

Die Fenster lassen das Interieur der Armen sehen, ein Mobiliar wie Strandgut. Wohnen ist Essen, Schlafen, Reden, Musik, Afromusik; Wohnen scheint Stammesdasein. Die mir so teure Privatheit, den Individualbegriff kann ich zum Teufel schicken, ich lebe unter der Glocke ihrer Stimmen, werde eingegarnt und eingekocht von ihnen, daher wohl diese Melancholie, Resignation; als wäre alles, was mir wichtig ist, auf immer verloren, auch Paris; als müßte ich von nun an nur noch diese dumpfe Gegenwart leben und teilen, ohne Hoffnung, Erinnerung, ohne Beflügelung, ohne Lust. Es ist, als griffe ein Vergessen nach mir: kannst alles vergessen, was du vorhattest und wünschtest, das Leben hat keine Wege, keine Stockwerke mehr, es wird platt und platter, ja, ich wohne in der Gosse, *dans le caniveau,* Tag und Nacht fließen hinein in dieses Einerlei; und die Afromusik: ewige Repetition, ewig repetierte Beschwörung wie die Beschwörung von Regen bei Trockenheit. Vom Abend bis zum frühen Morgen liege und sitze ich wie der verschreckte Hase in meiner Dachfestung. Ich habe das Gefühl, auf einem anderen Kontinent zu sein, versinke in eine merkwürdige Art von Trauer...

Wir sind nurmehr eine weiße Minderheit hier in der Straße, auch in unserem Hause. Das Hinterhaus ist ganz afrikanisch. Im Vorderhaus leben noch einige wenige Franzosen, alte Leute, die das Haus in seinem früheren wohlanständigen Zustand kennen und jetzt verstört sind, sie verbarrikadieren sich. Angst, ja bisweilen Horrorvorstellungen rühren von diesem sichtbaren Anschwellen der schwarzen Bevölkerung her und haben mit deren Lebensweise und Mentalität zu tun: wer eine Wohnung oder auch nur ein Zimmer hat, bewohnt es nicht allein oder mit den Seinen, jedes Zimmer ist eine Art Hotel, es ist ein Kommen und Gehen von Vettern, Freunden, Verwandten. Außerdem besuchen sich alle fortwährend, sie sind durch verbalen Kontakt ständig miteinander verbunden, schreien sich aus Fenstern quer über den Hof das Nötige und Überflüssige zu, teilen Toiletten und Küchen, kämmen, frisieren sich aufwendig und gegenseitig auf Vortreppen und im Hofe. Das Haus wimmelt von fremden Völkerstämmen.

Ihre Zimmer sind von Liegen und Kissen und Tüchern, Eimern und Fernsehgeräten und natürlich Hi-Fi-Anlagen überfüllt, die Kleider hängen an Haken und eingeschlagenen Nägeln, und die Fensterbrüstungen sind Wäschevorrichtungen. Und von den Musikanlagen dröhnt ihre Musik ohne Ende und ohne Rücksicht, ein Leiern und Stampfen, ein Tollhaus von Tamtams. Es ist die Stimme ihrer Identität; wo aber bleibt meine Identität? meine Privatheit, mein Recht –
Du kannst also nicht mehr auf deine Weise leben, nurmehr partizipieren: an den Gerüchen ihrer Küche, ihrer Musik; an ihrem Trommeln, dem »dunklen Lachen«, den kehligen Lauten, der Mitteilungssucht, Kontaktfreudigkeit; die in unseren Augen vielleicht ein wenig lächerliche Hingabe an ihren Haarschmuck als Spektakel genießen; an ihrer farbenfrohen Kleidung oder auch hochmodischen Zurschaustellung dich delektieren; an ihren Kindern, ihrem Kinderreichtum dich erfreuen. Du lebst in Schwarzafrika, obwohl du in Paris sein möchtest; du schließt die Fenster und nachts die Fensterläden, stopfst dir Watte in die Ohren, es hilft nichts, du bleibst konfrontiert. Und selbst im Traume läuft ein sich zum Terror auswachsender Film vor deinem Auge ab.

Ein auf Absprachen und gegenseitigen Respekt gegründetes Zusammenleben ist nicht möglich, du merkst, wie du innerlich nach der Polizei zu schreien beginnst, nach *Befreiung*. Auch hat sich längst Furcht bei dir festgesetzt. Kürzlich wurde ein Alter tot aufgefunden im Hause. Er stank schon, als man seine Wohnung aufbrach, ein Rentner: erdolcht. Neben meinem Arbeitsraum war die Nachbarwohnung geplündert, die Tür zersplittert, ein klaffendes Loch. Die Mieter waren verschwunden, geflohen? Und niemand da, der sich um den Schaden, den Fall kümmerte.

Du läufst Spießruten im Treppenhaus, das von zahllosen Unbekannten okkupiert ist, die Unbekannten sind unter anderem Klienten der im Hause tätigen Drogenhändler und Prostituierten, das Treppenhaus ein Versammlungsort, ein Parlament, ein Meeting über alle Stockwerke hinweg, das Zirkulieren für unsereins schwierig.

Du spürst, wie du allergisch reagierst auf diese Fremdlinge, auf die in deinen Augen plötzlich einfältig wirkende, lautstarke und geckenhafte Tagverbringung, ihren gebrüllten Disput in einer Sprache und in Sprachen, die du nicht verstehst; allergisch auf den eitlen Putz, auf ihre ganze Physis, auf alles. Du stellst fest, daß du Rassist wirst in deinen Gedanken, die sich in Selbstgesprächen entladen. Du entdeckst, wie sich dein ganzes Denken nur noch um sie dreht. Es tauchen arrogante junge »Krieger« im Hause auf, die Bescheid zu wissen scheinen um deine Verfassung. Darum wohl auch die bis zur Krisenschwelle hochgetriebene schwarze Musik. Im Hause spielt sich ein Machtkampf ab, der Ausgang ist ungewiß. Entweder wird das Haus bald saniert oder es geht zu Bruch. Entweder sie oder ich, denkt der in die Minderheit versetzte Weiße, entweder sie verschwinden, oder du wirst vertrieben. Eine Einigung ist ausgeschlossen bei der Masseninvasion, dem fröhlichen Zugvogeldasein im Hause.

Es gibt längst keine Verantwortlichen mehr, an die man sich im Sinne der Sauber- und Instandhaltung des Hauses wenden könnte, auch keine Nachbarschaft. Das Treppenhaus starrt von Zigarettenkippen, Spritzen, halbaufgegessenen Früchten, Auswurf, ja Pisse, es wird zum Ablagerungsplatz von kaputten Möbeln, Kochherden, Kühlschränken. Der Innenhof wird zur Schutthalde. Treppenhausbenutzer spucken ungeniert aus; die hier hausen, waschen sich halbnackt in den Gemeinschaftstoiletten (wo auch Heroin gespritzt wird), alles vergammelt. Die Wasserleitungen lecken, der Schaden wird nicht behoben, Rinnsale sickern durch Mauern und Decken, die Fensterscheiben sind zum Teil zerschlagen und bleiben es, das Dach ist undicht, die Briefkästen sind aufgebrochen, die Deckel stehn ab wie Schuppen eines Schuppentiers, die Post weigert sich, Sendungen zuzustellen, man muß aufs Postamt laufen, Tag um Tag, um die Briefe abzuholen; die Haustür ist längst nicht mehr schließbar, ein einladendes Loch.
Dann funktioniert das Licht im Treppenhaus nicht mehr und wird auch nicht instandgesetzt, man geht nachts mit Kerze oder Taschenlampe treppauf- und ab, und am Ende ist die Kanalisation, anfangs verstopft, geborsten, bei Regen wälzt sich Abwasser durch den Hausflur auf die Straße hinaus, man watet durch kotige Brühe.

Mentalitätenfrage? Viel mehr als das.

Die afrikanischen Mieter und ihr Zulauf sind ja ihrerseits Vertriebene. Sie kommen teils aus Vierteln, die sich in »Gettos« verwandelt haben und durch Übervölkerung bis an den Rand des Ruinendaseins heruntergekommen sind – bis die Stadt eingriff und zu sanieren begann, ganze Teile abriß und durch Wohnkasernen ersetzte, die für die einstigen Bewohner unerschwinglich wurden: darum die Migration. Das macht, daß Gegenden, die vor kurzem noch pariserisch waren, afrikanisiert werden und im Würgegriff der Übervölkerung verelenden; Fremdland, undurchsichtig, unheimlich, gefährlich werden.
Es handelt sich nicht nur um Paris-interne Verschiebungen: es kommen die Ströme der schwarz eingeschleusten *illegalen* Immigranten aus Afrika hinzu. Diese Einwanderung ist Menschenhandel. Professionelle Anwerber versprechen den Menschen aus Afrikas Hungergebieten Arbeit und mehr, und das Paradies trägt den Namen 18ème Arrondissement von Paris. Ganze Dörfer steuern das allernötigste Reisekapital bei, um den Angehörigen den Trip ins gelobte Land zu ermöglichen. Ein gut Teil des Geldes fließt gleich zu Anfang in die Taschen der Menschenhändler, die diese ohne Papiere und in dürftigster Kleidung antretenden Hoffenden und Leichtgläubigen auf einen langen Marsch setzen. Der Marsch führt durch Spanien, über die Pyrenäen durch Schnee und nach harten Abenteuern endlich durch Grenzlöcher nach Frankreich und endet in Paris. Diese Menschenware geht von Hand zu Hand, von Bestechung zu Bestechung, auch die Grenzpolizei ist mit vom Coup, heißt es. Und schließlich tauchen sie hier auf: Fremd-

linge, Hunger und Verstörung in den Mienen, und der Blick voller Furcht, gefaßt und ausgewiesen zu werden. Sie schlüpfen bei Landsleuten unter, tauchen weg.
Wenn sie, ohne Aufenthalts- und Arbeitsgenehmigung, dennoch Arbeit finden, dann ist es Schwarzarbeit bei afrikanischen »Sklavenhaltern«, die sie in obskuren Billigst-Kleidernähereien oder ähnlichen Betrieben ausbeuten; oder den großen Ringen der Straßenverkäufer zuführen. Als solche arbeiten sie draußen vor den Cafés in den Touristenzentren Tag und Nacht, sieben Lederhüte auf dem Kopf, Armbänder, Ledergürtel, Lederhandtaschen an den Armen, und in Beuteln Schmuck und Elfenbeinschnitzerei. Einige schaffen es vielleicht, während andere die zu Bruch gehenden Häuser und Straßen als weitere dunkle Elemente bevölkern.

Unser Haus ist noch nicht zu Bruch gegangen, wie auch die Straße noch nicht als Slumstraße zu bezeichnen ist, aber die Frage, ob sich beide wieder erholen, steht dahin.
Wie in Paris fast die Regel, gehört das Haus nicht einem Hausbesitzer oder einer Gesellschaft, es ist in der Hand der Wohnungseigentümer, die eine Hauseigentümergemeinschaft bilden. Zur Verwaltung haben sie eine Liegenschaftenadministration, genannt *Syndic,* engagiert. Dieser kümmert sich um den Hauswart (Concierge), dem Treppenhausreinigung, Postverteilung, kurz: die Überwachung des Gebäudes übertragen sind. Der Syndic hat sich des weiteren um die Instandhaltung, wenn nötig, die Renovierung des

Hauses zu kümmern, er veranlaßt und überwacht die nötigen Arbeiten. Für Concierge, Wasserverbrauch, allfällige andere Dienstleistungen und die Administration zahlen ihm die Wohnungseigentümer alle drei Monate Abgaben, die *Charges*. Es sind jedoch die Eigentümer, die *Copropriétaires*, die über das Schicksal einer Liegenschaft bestimmen, sie werden vom Syndic periodisch zur Versammlung gerufen und stimmen über die vorgeschlagenen Maßnahmen ab. Ein anständiges Haus gehört Wohnungsinhabern, die willens und fähig sind, nicht nur die Abgaben zu zahlen, sondern in die Instandhaltung des Hauses fortwährend zu investieren.

Das war in unserem Hause seit langem nicht mehr der Fall. Die Mehrzahl der Miteigentümer wohnte schon lang nicht mehr im Hause, sie waren verzogen, ja verschollen, zahlungsunwillig oder -unfähig und jedenfalls nicht in der Lage oder interessiert, weiter zu investieren; was zur Folge hatte, daß die Liegenschaft in den beschriebenen Zustand kam.

Seit kurzem aber ist es anders. Einige Wohnungen wechselten unverhofft die Besitzer. Mit den neuen Eigentümern kamen solide Parteien und ein frischer Wind ins Haus. Die katastrophalsten Schäden sind inzwischen behoben, eine Totalrenovierung ist geplant. Es besteht Hoffnung. Eine im Hause lebende alte Dame, Miteigentümerin, die die Liegenschaft noch aus früheren Zeiten kennt und bis heute durchgehalten hat, wenn auch hinter verrammelter Tür, kann diese Hoffnung nicht teilen. Sie will jetzt – mit achtzig – verkaufen. Sie möchte ihre alten Tage in einem Haus verbringen, in dem es Parteien gibt, die man kennt und an die man sich mit Beschwerden oder um Hilfe wenden kann. Hier herrsche ja statt Koexistenz Machtkampf, Bedrohung. Rassismus.

Die einheimischen kleinen Leute des Quartiers, die hier noch vor verhältnismäßig kurzer Zeit ihr gewohntes Leben führten, das sich zwischen Boulangerie, Bistro, Markt und Postamt abspielte und überall mit einem kleinen Schwatz verbunden war und so viel Charme hatte, würden sich damals nicht über mangelnde Lebensqualität beklagt haben. Sie fühlten sich da, wo jeder sich kannte und auskannte, zu Hause; sie hatten auch keine Probleme mit den Mitbürgern anderer Hautfarbe, die wie sie sprachen und wohl auch nicht anders dachten; man hatte so viel gemeinsam, daß die Hautfarbe keine Rolle spielte. Jetzt kommen sie sich vor, als seien sie über Nacht in einen ihnen fremden Kontinent zwangsumgesiedelt worden; oder in einen bedrückenden Traum aufgewacht, der sich nicht verflüchtigen will.
Die meisten Bistros und Restaurants sind afrikanisch oder arabisch geworden. Sie quellen über von phantastisch gekleideten Menschen wie in einer exotischen Oper. Statt Piaf oder Aznavour Tamtam oder Reggae. Auf dem Trottoir, auf den Märkten werden die Alteingesessenen von afrikanischen Frauen in fußlangen farbenprächtigen Roben und hohen Turbanen überrollt, ausladenden Damen, mit schwellendem Bauch, ein Baby umgebunden, an der Hand ein zwei drei kleine Kinderlein. Die schwarze Frau geht in platten Sandalen, sie schreitet, als müßte sie ungeheuer ankämpfen, um den Leib in Gang zu halten, es

ist ein Emporwogen von Frauenleib. Sehr viele Männer, meist gigantischen Wuchses, tragen die bodenlangen Hemdmäntel ihrer Herkunftsländer, dazu in ihren Mienen diese dunkle schwarze, schwärzeste Fremde heran. Es mehren sich die afrikanischen Friseurläden, Stoffhandlungen, Modeboutiken, Geschäfte für exotische Gemüse und Lebensmittel, Gewürzläden, sogar afrikanische Reisebüros sind neuerdings zu bemerken. Und dieses Afrika mischt sich keineswegs mit der Welt der ansässigen Pariser, es wälzt sich teilnahmslos, selbstbewußt und majestätisch, vielstimmig, farbenfroh und kinderreich, aber auch bedrohlich über das angestammte Leben am Platze hinweg. Der wohl signifikanteste Ausdruck für das Phänomen dieser neuartigen Überfremdung sind die Marabus, die im Dixhuitième neuerdings wie die Pilze aus dem Boden schießen. Ihre Geschäftskarten werden an Metroaufgängen verteilt und unterwandern die Briefkästen.

Der Marabu ist eine Mischung aus Medizinmann, Wunderheiler, Sozialberater, Hellseher, Seelsorger und Hexenmeister, so ähnlich, er verspricht Erfolg verschiedenster Art. Er garantiert die Neutralisierung der Feinde, verheißt Behebung von Liebeskummer, Potenzschwäche, Unfruchtbarkeit, er verspricht Arbeit, Geschäftserfolg, eherne Treue des Gatten. Erfolg und nochmals Erfolg.

Ich war mit einem Fotografen aus Kamerun bei zwei Marabus. Der erste hatte seine Praxis an der Rue de Sofia Nähe Barbès-Rochechouart in einem schmutzigen Wohnhotel, vor dem sich schwarze und arabische Huren stritten. Wir traten im zweiten Stock in ein

Vorzimmer, das mit einem Vorhang vom Behandlungsraum abgetrennt war. Vor dem Vorhang ein Thron, längs der Wände Stühle; vor einem Stuhl und vor dem Thron je ein Paar Schuhe. Neben dem Thron das Telefon neuester Ausführung, der Hörer liegt in einer Schale auf. Wenn es summt, kommt die dunkle Hand des Marabus durch den Vorhang und greift sich den Hörer. Ein Sekretär bereitet türkischen Kaffee zu, in einer ultraschicken Stereoanlage singt Bob Marley. Auch wir entledigen uns der Schuhe, bevor wir hinter den Vorhang eingelassen werden, wo der Marabu, ein jugendlicher Afrikaner in wallendem Habit empfängt, aber uns, kaum begreift er, daß wir nicht geschäftlich, sondern nur aus Neugierde gekommen sind, gleich wieder entläßt. Er geleitet uns in den Vorraum, wo er sich kurz auf den Thron setzt. Wir trinken unseren Kaffee aus. Neben uns der eben behandelte Klient. Hinterm Vorhang werde mit Karten, Kartenschlagen behandelt, sagt er; aber wir sahen auch magische Zeichen auf Holztäfelchen und anderes Zubehör, Knöchelchen... Ein Marabu könne Magier oder Fetischist sein oder einfach ein Heiliger, sagt mein Begleiter aus Kamerun; bezahlt werde nicht nach Tarif, sondern nach Ermessen, sogar in Naturalien, was ich mir in diesem Falle zu bezweifeln erlaube. Während wir uns unterhalten, taucht aus einer angrenzenden Kammer ein bulliger Kerl mit blatternarbigem Gesicht auf, der sich betont desinteressiert im Hintergrund hält, wohl der Leibwächter.

Unsere zweite Kärtchenadresse führte wiederum zu einem Wohnhotel, diesmal in der Rue des Poissonniers, es schien noch heruntergekommener als das erste und war von unten bis oben mit Marabus belegt. Der unsrige saß am Boden, angelehnt an ein schmuddliges Bett und schaute aus seinem weißen Mantelgewand und unter weißem Käppi sanft und kindlich, während er mir seinen Fuß mit hochaufgerichteter großer Zehe entgegenstreckte. Ihm gegenüber saß eine beleibte Frau mit Turban. Mir wurde nicht klar, ob sie in Behandlung oder nur zu Besuch war, denn im Fernseher lief gleichzeitig ein französischer Film. Unser Mann sprach allerdings so gut wie nicht französisch. Der Fotograf, der das Gespräch führte, hatte immerhin verstanden, daß dieser Marabu sich an den Koran halte, er war Exeget der Heiligen Schrift, die er fest in der Hand hielt. Er sei der Sohn eines Marabus, auch sein Bruder übe dieses Amt aus. Er schien weniger mißtrauisch als sein Kollege von der Rue de Sofia, jedenfalls nicht so geschäftsmäßig kühl, kurzangebunden, smart.

Es gibt Leute, die auf die traditionsreiche, ja sprichwörtliche Assimilierungsfähigkeit Frankreichs vertrauen. Sie hoffen, die Schwierigkeit mit den Einwanderern aus Afrika werde sich spätestens in der zweiten Generation aufheben, danach würden die fremden Völker französisiert sein und kein Koexistenzproblem mehr darstellen... Aber wie, wenn der Zustrom nicht aufhört?

Ich war unlängst an der Porte de la Chapelle am Boulevard Ney draußen, wo sich eine der Anlaufstellen für Ausländer befindet, nämlich diejenige für das 18., 19., 20. Arrondissement. Hier geht es um legal Eingereiste, die die ersten Schritte zum Erhalt einer Aufenthalts- und Arbeitsgenehmigung einleiten oder um eine Verlängerung nachsuchen. Diese Dienststelle öffnet um 9 Uhr, aber man muß bereits ab 7 Uhr anstehen, wenn nicht schon früher, sonst besteht kaum Aussicht auf Abfertigung vor Büroschluß. Ich war vor sieben da und schloß mich draußen auf dem Trottoir an eine Schlange von Wartenden an, ein Buch in der Hand. Als ich erstmals vom Lesen aufschaute, war der Aufmarsch hinter mir bereits unabsehbar lang. Zwei Polizisten bewachten die Völkerscharen, die zum überwiegenden Teil aus Schwarz- und Nordafrikanern, außerdem aus Indochinesen, Vietnamesen hauptsächlich, bestanden. Außerdem waren Pakistani und Ceylonesen da, Weiße in verschwindend kleiner Zahl, einige Portugiesen und Spanier. Es ist ein Einwandererstrom aus Armen, Rückständigen, viele Analphabeten unter ihnen, der den Paris-Zulauf für die genannten Bezirke bildet. Die Schwarzen haben außer ihrer Hoffnung nicht viel bei sich, keine Berufsausbildung, speziellen Kenntnisse, Brauchbarkeiten, ist anzunehmen. Sie werden sich nicht so leicht einfädeln können wie die emsigen, listigen Asiaten. Sie werden erst einmal in die afrikanischen Ballungszentren verschwinden, künftiges Übergewicht für die sozialen Dienste. Paris erscheint ihnen zuerst als eine Oase voller unglaublicher Lebensgüter, doch bald muß es zum Ort der Desillusionierung und Deklassierung werden und den gegen die Weißen gerichteten Rassismus schüren, den ich von meinem Haus und meiner Straße her kenne. Die erste Lektion lernen sie an den Schaltern dieses Ausländerempfangs. Die französischen Beamten benehmen sich

hochmütig, arrogant, immer bereit, diese Wehrlosen anzuschnauzen und herumzukommandieren, die nichts haben außer Zeit und dies im Überfluß. Sie sind bereit, tagelang Schlange zu stehen.
Aus dem Benehmen der Schalterbeamten spricht nicht nur die allen Bürokraten eigene Anmaßung, sondern darüberhinaus die von vielen Franzosen geteilte Gereiztheit angesichts des Massenandrangs aus der Dritten Welt. Es versteckt sich dahinter die beinah schon abergläubische Furcht, nicht nur überfremdet, auch buchstäblich erobert und letztenendes aufgefressen zu werden. Mit dieser Furcht hat wohl auch der schwarze Kinderreichtum zu tun. (Bei Franzosen ist die Geburtenrate rückläufig.)

Gleich neben unserem Haus ist ein afrikanisches Restaurant. Die Besitzer stammen aus Mali. Ich mochte sie und auch ihre Küche, und einmal, als ich zufällig erfuhr, daß auch die junge Frau, die hinter der Bar bedient, eine Tochter des Hauses sei, und mir ausrechnete, daß der Wirt zusammen mit den Kleinen und Halbwüchsigen und Großen, die ich alle vom Sehen her kenne, über wahre Orgelpfeifen von Nachwuchs gebietet, erlaubte ich mir die Bemerkung, er müsse allerhand Mut haben, so viele Nachkommen in die Welt zu setzen, wenn man bedenke, in welchem Zustand sich diese unsere Welt befinde; die Bemerkung entschlüpfte mir angesichts seiner Frau, einer Schönheit, die wieder schwanger war. Der Mann aus Mali kapierte erst überhaupt nicht, dann lachte er: ich spinne wohl, so zu fragen. Was soll denn sein, wenn man mit Kindermachen aufhört? Soll etwa die

Menschheit stillstehen? Oder eingehen? Ich verstand, er meinte natürlich nicht die unsrige, die frustrierte Menschheit der Ersten Welt, er meinte seine, die afrikanische Menschheit, die aufsteigende, die vorerst nur zu gewinnen hat, Wohlstand, Autos, Technologie, Wissen, Macht, ja Vorherrschaft, bis sie die Kehrseite der Medaille kennenlernt. Diese ihre laute Hoffnung und das neue schwarze Selbstbewußtsein sind es, was wiederum den verbleibenden Weißen in unserer Straße und unserem Viertel über die Massen zu schaffen machen. Die Negritude droht auch noch den letzten Funken jener typisch pariserischen Lebensart auszulöschen, die ein Gemisch aus Regierungsskepsis und Verteidigung des kleinen Diesseitsglücks war, etwas Zauberhaftes, auch leise Tragisches, aus dem der Lebenswert hervorsprang. Ich glaube, die Ernüchterung, die ich in Paris erlebe und oft bis zur Unerträglichkeit empfinde, ist von dem maßlosen Zustrom aus der Dritten Welt mitverursacht, aber nicht nur durch deren reale Präsenz, sondern auch dadurch, daß diese bei den Franzosen eine immer größere »Je m'en fous«-Haltung, und darüber hinaus die Anarchie des brutalsten Egoismus züchtet. Und hinter allem stehen die großen hohlen Worte von der Grandeur de la France und der Gloire de la Nation, die die Regierung gebraucht und eigentlich nur noch in der Dritten Welt an den Mann bringen kann, die sie schamlos hofiert. »Heute wird Paris ein Schauplatz für Stammesfehden der Dritten Welt und für fremden Terrorismus«, las ich in einem Bericht von Saul Bellow über das Wiedersehen mit Paris nach mehr als dreißig Jahren.

Rassismus. Rassistisches Empfinden entsteht offenbar automatisch da, wo der Einbruch des Fremdartigen und Unvertrauten eine Toleranzgrenze überschreitet. Die schwarze und farbige Welle, die sich an den weißen Klippen ganzer Pariser Stadtteile bricht und Überschwemmungen verursacht, betrifft zu großen Teilen Menschen, die von ihrem Lebensniveau her so etwas wie den Sprung aus der Vorzeit in die Hypertechnologie zu machen scheinen. Sie sind für die Ansässigen erst einmal ein Klotz am Bein und Sand im Getriebe. Dazu einige Beispiele:

Eine Zeitlang waren die neuen, nach modernem Styling errichteten Telefonkabinen fast alle unbrauchbar, weil demoliert. Wer die Kabel herausgerissen und die Automaten verbogen habe, schien zweifelsfrei: Neandertaler, Primitive, Schwarze natürlich. Sie hatten, stellte man sich vor, die Anleitungen nicht lesen können, also nicht begriffen, warum das vermaledeite Zauberding zwar die Münzen fraß, nicht aber sprach. So gingen sie ihm mit Messern zu Leibe. Auf die Idee, daß einheimische Vandalen für die Zerstörungen verantwortlich sein könnten, wollte niemand kommen.

Oder: Auf der Straße hupt und hupt es, eine halbe, eine Stunde lang, der Verkehr ist lahmgelegt, die Fahrer am Rande des Nervenzusammenbruchs. Vorn ein Privatfahrzeug mitten auf der Straße, unbemannt, leer, aber mit laut spielender Kassettenmusik. Endlich kommt ein schwarzer Mann dahergeschlendert, er kommt aus einem Haus, wo er vermutlich seinen Schwatz hielt. Die Leute schäumen. Der Schwarze setzt sich gleichmütig ans Steuer und fährt gemächlich an.

Oder: Auf den Postämtern endlose Schlangen, das ist an der Tagesordnung, aber warum rückt die Schlange nicht vor? Am Schalter ein Schwarzer. Der Beamte wiederholt: Das ist ein Abholschein, Schalter 9! Der schwarze Mann: Danke sehr, hier (weist den Schein erneut vor). Der Beamte (unwirsch): Schalter 9, habe ich gesagt. Das hier ist der Schalter für Einzahlungen. Der Schwarze zieht seinen Ausweis hervor, will sich legitimieren. Er versteht nicht und geht nicht. Holt radebrechend zu Erklärungen, Erzählungen aus – bis die Wartenden brüllen: Hau ab, hau bloß ab, du!
Dasselbe auf den Märkten: Eine schwarze Mamma, die ihren Kauf getätigt hat, stellt sich erneut an den Kopf der Schlange, weil ihr einfällt, daß sie sonst noch was braucht. Sie soll sich wieder hinten anstellen, wird ihr bedeutet. Warum hintenan? Hat sie nicht eben gekauft? Ist ihr Geld nicht ebenso gut wie das anderer? Die Leute murren. Der Verkäuferin platzt der Kragen: Du bist hier in Paris und nicht im Urwald. Zurück in den Urwald! steht in allen Gesichtern geschrieben. Die Kundin schmeißt das Gekaufte hin: friß deinen Pariser Dreck selber! Den nächsten Kunden, einen Weißen, bedient die Verkäuferin mit auserlesener, mit vollendeter Höflichkeit.
Nègres en Afrique! kann man auf Mauern gesprüht lesen. Und die Anwesenheit der ohnehin allgegenwärtigen Polizei verstärkt sich in Gegenden, wo Afrika sich ballt. Auch in der Metro. Die Kontrollen betreffen hauptsächlich farbige Menschen, und zwar darum, weil man auf die illegal Eingereisten aus ist. Die Polizei ist nicht zimperlich, sie holt irgendwelche

Schwarze aus den in den Gängen zirkulierenden Massen, aber auch aus den Wagen der Züge, stellt sie an die Wand und filzt sie nach Waffen, bevor die Papiere verlangt werden. Unter den Angehaltenen sind Menschen, die seit Jahrzehnten hier leben und längst Franzosen sind, wenn nicht gebürtige Franzosen aus Martinique, Gouadeloupe, den Antillen. Peinlicher alltäglicher Widerspruch zu den Gleichheitsparolen der Politiker.

Ein ausländischer Bekannter fährt in seinem Wagen bei Nebel um die Place de la République und merkt zu spät, daß er einen Radfahrer erwischt hat und mitschleift. Er hält im selben Moment an, da ein Polizeifahrzeug beidreht, und befürchtet das Schlimmste. Der Radfahrer ist ein Farbiger, möglicherweise leicht verletzt. Die Polizei schreit ihn gleich nieder: mach daß du fortkommst. Zum Fahrzeuglenker: Sie können sich auf dem Posten Ihr Verdienstkreuz abholen. Habe der Polizist lachend gesagt, sagt mein Bekannter.

Die Leute erzählen sich Schauermärchen, Witze und Greueltaten. Ein Nachbar ist überfallen, der Gemüsehändler gleich gegenüber zum x-ten Male attackiert und beraubt worden. Angst haben die Frauen, allerdings mehr vor Arabern als vor Schwarzen. Nach acht abends allein auszugehen, ist in unserer Ecke für Frauen gefährlich, es geht ja auch tagsüber nie ohne Belästigung ab. Daß sie auch von Weißen belästigt werden, bleibt dabei unerwähnt.

Aus all dem entsteht das Gefühl, daß sie sich schamlos *bedienen,* daß sie sich an unseren Errungenschaf-

ten, unserem Leib und Gut, ja unserer Identität *vergreifen;* daß sie uns alles *wegnehmen.*
Dieses Gefühl nährt sich natürlich schon an ihrem Habitus. Die »Orthodoxen« in wallenden Roben und exotischen Würden bleiben Fremdkörper, ein Stein des Anstoßes, wenn nicht gar eine ständig lauernde Gefahr. Die anderen, die halbwegs oder übertrieben Europäisierten wiederum sind nicht weniger auffallend, oft komisch und lachhaft (in unseren Augen): als hätten sie sich verständnislos mit allen möglichen Requisiten einer fremden Garderobe versorgt und geputzt. (Ich spreche von der Mehrzahl der neuen Immigranten, natürlich nicht von den Franzosen afrikanischer Abstammung, die längst assimiliert sind; ebensowenig von einer neuen Generation, die, nach letztem Schrei hochmodisch gekleidet, allenfalls Neid erregt.) Angesichts der genannten Diskrepanz liegt der Gedanke nahe, daß die unter der Verkleidung steckenden schwarzen Menschen unbedarft, Primitive, also Leute niederer Stufe seien. Sie sind gekommen, uns kahlzunagen und kaputtzuleben, sagt das Abwehrgefühl. Der Satz von Max Frisch *Wir riefen Arbeitskräfte und es kamen Menschen* trifft auf den neuen Sachverhalt ja keineswegs zu. Hier fehlen weiß Gott keine Arbeitskräfte. Man kann in Paris die Arbeitslosigkeit auf Schritt und Tritt erleben, auf den Straßen und in der Metro, und zwar in allen Stufen der Clochardisierung, der Bettel- und Hungergebärde, des Verkommens, Verreckens, auch der Aggression.

Nègres en Afrique! Man möchte sie los sein, nur nicht mit ihnen teilen, nur keine Vermischung. Gleichberechtigung? Kein Gedanke daran. Entmündigen sollte man sie, ist die Meinung, die aber nicht laut ausgesprochen wird. Zwar kommt es manchmal zu einzelnen Ausbrüchen, Haßausbrüchen, kleineren Explosionen im Alltag, zumeist aber wird gefährliches Schweigen bewahrt, nur nicht daran rühren, es herrscht eine vorsichtige Patt-Stellung. Angst. Es ist vor allem auch ein Erschrecken über den eigenen Rassismus, über ein Denken, das sich in Kategorien von Höher- und Tieferstehen bewegt und in den bekannten Klischees der Diskriminierung ergeht. Der Rassismus wütet in dir selbst und richtet sich selbstzerstörerisch gegen dich. Natürlich weißt du, daß einer erst fragwürdig oder minderwertig erscheinen kann, wenn man ihn an einem ihm fremden Wertesystem mißt; daß sich die Abwertung der Schwarzen an unserem technologischen Superniveau bemißt, daß es dieser »Gipfel« ist, der dich auf sie heruntersehen läßt; doch du weißt auch, daß dieser »Gipfel« uns ja längst zur Katastrophe und tief verhaßt, daß er uns zur Krankheit geworden ist: Natur kaputt, Seele Futter für Psychiater, ganze Städte legen sich hin und in Falten wie Saurier, die sich überlebt haben, überall Krieg und Wahn. Und das Ende allen greifbar am Horizont. Entfremdung tönt schon fast wie ein Märchenreim, verglichen mit dem Seelenleid, der menschlichen Havarie, die die Quittung sind, der Mensch bald eine Funktion automatischer Programmierung – und alle wissen um alles, doch die Sachzwänge mahlen weiter an der universellen Zerstörung, wir haben bloß die Hebel nicht mehr in der Hand. Eingedenk dessen ist alles absurd, was man gegen die Schwarzen haben kann. Ein Anachronismus. Und dennoch schäumst du vor Wut in deinem Hause, in der Straße, wo dir das Leben zur Hölle wird.

Früher, als ich zu Besuch nach Paris kam und dann in meiner ersten Zeit hier im Viertel, war es die Durchmischung in jeder Hinsicht, auch das Rassengemisch, diese Vielfalt, was ich an der Stadt liebte. Die wilde, ja anarchische Pluralität empfand ich als Befreiung, es war eine Lebenssteigerung, auch ein Toleranzerlebnis, gerade im Unterschied zum geordneten Einbahnstraßendasein, das ich von zu Hause gewohnt war.
Seit ich aber in einem Winkel wohne, der zu »Le Harlem« von Paris gezählt wird, ist es mit diesem Freiheitsgefühl vorbei. An dessen Stelle sind Resignation, anhaltende Verstimmung, Verstörung, tiefe Heimatlosigkeit getreten. Ich hatte früher mit Überfremdungsparolen nichts anfangen können, in Zürich hatte ich in Häusern mit Fremdarbeitern zusammengelebt und deren Gegenwart als Bereicherung empfunden, ich hätte nie von mir gedacht, daß ich anfällig werden könnte für Abwehr-, für Verteidigungsanwandlungen und mehr als das.
Ich glaube, das Phänomen, dem ich hier ausgesetzt bin, hat mit Überfremdung im Sinne der Zuwanderung fremder ethnischer Gruppen nichts zu tun. Diese alte Zuwanderung gehört natürlich zu jeder Weltstadt und zählt zu ihrer Attraktivität, ihrem Reichtum. Was jetzt in Paris vor sich geht, ist nichts weniger als ein *Hereinbrechen der Ränder*, denke ich.

Es sind nicht Boten einer anderen Welt, die hier Asyl suchen; es sind nicht Menschen in großer Zahl, die kommen, um Paris oder Europa zu erlernen. Es ist gewissermaßen das Hereinschwappen ganzer Teile Afrikas und der Dritten wie der Vierten Welt, die sich kaum darum kümmern, wo sie sich befinden und keinesfalls von der Pike an sich emporzuverdienen trachten: sie richten ihr Afrika, oder was immer, ein, mitten in Paris, ob es uns paßt oder nicht. Lange genug sind sie gegängelt, geprügelt, ausgepreßt worden. Unser Wohlstand beruhte und beruht auf ihrem Hunger, ihrer Unbedarftheit. Sie waren immer schon ein Faktor wenn nicht überhaupt das Fundament unseres Überflusses, wenn auch unsichtbar. Aber nun sind sie sichtbar da und zwar mitten unter uns. Es ist der sorgsam verborgene und verdrängte, aber darum nicht minder wirkliche Faktor Afrika, der gleichsam über Nacht und im eigenen Hause mit dem ihm eigenen Lärm und Leben und Geruch leiblich aufersteht wie der Geist aus der Flasche.

Vor langem schon hatte ich manchmal das bedrükkende Empfinden, wir hier in Europa lebten nur noch einen Traum oder Wahn – ähnlich den mittelalterlichen Menschen, die glaubten, die Sonne kreise um den Mittelpunkt Erde –, wenn wir uns unterm Zenit wähnen, während wir doch längst im Halbschatten leben und der Morgen über ganz anderen Breiten und Völkern gleißt. Das Hereinbrechen Afrikas, das ich hier erlebe, hat etwas mit dieser frühen Ahnung zu tun. Ich sehe uns plötzlich im Dämmer, merkwürdig verblichen, wie auf einem alten Bild.

J. R. von Salis schreibt in seinem neuesten Werk *Notizen eines Müßiggängers:* »Mir scheint, daß für die weiße Welt auf der nördlichen Hemisphäre unseres Planeten diese zu politischer, aber kaum wirtschaftlicher Unabhängigkeit gelangte farbige Welt des Südens das schwierigste Problem darstellt. Der Verantwortung für den Fortschritt der Dritten Welt können wir uns nicht entschlagen. Sie bildet recht eigentlich das neue Weltproletariat, sie ist unser Armenhaus, auch unsere zukünftige Konkurrenz.«

(1984)

II

Dichterschmiede Dublin

»Ich klopfe an«, heißt der erste Titel einer sechsbändigen autobiographischen Prosafolge aus der Feder des irischen Dichters Sean O'Casey, der am 18. September vorletzten Jahres im patriarchalischen Alter von 84 Jahren gestorben ist. Die Autobiographie erschien auf englisch zwischen 1939 und 1954; das vorliegende Buch ist also über ein Vierteljahrhundert alt.

Beschrieben wird in dreiundzwanzig Kapiteln unterschiedlicher Länge eine irische Kindheit und Adoleszenz, angefangen mit der eigenen Geburt und endend mit dem aufgestoßenen Tor zur Freiheit (der Erwachsenen). Dazwischen das vielfenstrige, marter- und trostreiche, das schrecklich erregende Lebensgefängnis des Kindes. Beschrieben wird es mit dem nachwirkenden Grauen und zögernden Jubel, die dem baren Überleben gelten. Beschrieben wird der mehrwertige Raum aus der Sicht des Künstlers, der in dem Kindheitsstoff die Wurzeln seines Künstlertums erkennt. Beschrieben wird der Stoff, aus dem ein Künstler wird. In Dublin.

Mit dieser Namensnennung wird nicht nur die Vorstellung eines literarisch weltbedeutenden Schauplatzes, es wird eine dichterische Provinz und eine eigentliche Dichterschmiede wachgerufen. Das Buch ist zweierlei: die Saga vom kindlichen Werdegang eines künftigen Dichters (ein »Portrait of the Artist as a Young Man«); und es ist eine Sammlung von »Dubliners«. Ein Volksbuch und ein Quellenbuch.

Denn Dublin partizipiert auch bei O'Casey auf hochwichtige Weise am Drama des gefährdeten Kindes, das mit dem Erblinden kämpft, mit Hunger, Schule, Geistlichen, Raufbrüdern; das mit Tod und Verrat konfrontiert wird; in der Gestalt des Vaters einen Partisanenmaßstab erfährt und ein Rebellentum erbt, dessen Leibesverfall und Geistesflug zusieht; am Beispiel der älteren Geschwister Liebe und Patriotismus kostet und die entsprechenden Heroenweisen aufnimmt, jedoch immer ein wenig ausgeschlossen bleibt, weil es in seinem körperlich kritischen Falle ums nackte Überleben geht, an welchem die leibliche Alma mater auf legendäre Weise beiträgt.
Dublin liefert das Milieu: eine Lauge aus Armut, Bierdurst und Wissenshunger, die Tröstungen von Religion und Alkohol; aber auch das ganze Spektrum der Klassenunterschiede, den dazugehörigen Fatalismus und Exotismus; die miteinander rivalisierenden Auffanglager Armee, Kirche und Kneipe... Dublin liefert das Historien- und Sittenbild. Und es liefert die spezifisch irische Auflehnung, einen Rebellenrhythmus. Unterschwellig ist er immer da. Sprachlich da: in diesem bardischen Zug, dem Bänkelsängerrhythmus; im visionären Pathos sodann, das wir von allen Iren kennen, einem Pathos, das sich legitimiert durch integrierten Realismus und durch einen kollektiven Gefühlsuntergrund, ja einen untergründigen Chorus, auf dem die Einzelstimme reiten, manchmal hymnisch reiten darf. Anders gesagt, durch die Nähe zum Volkston. Immerzu leiht sich das individuelle Sentiment Verse und Reime vom Volkslied und Gassenhauer.

Es muß für einen Schriftsteller ein unschätzbarer Vorzug sein (oder gewesen sein), von dieser Welt geformt zu werden. Die Reihe illustrer Beispiele beweist es. Bei den Iren ist alles so wesentlich. Das geht bis zu Beckett und will nicht abreißen. Dublin als Lebensschule. Das entgeht uns hierzulande. Um so teurer sind uns die »Dubliners«. Diejenigen von O'Casey sind ein herrlicher Fund.

(1966)

Ich habe keine Handlung in Erinnerung, wenn ich an Hamsun denke, nur diese Figuren: Leutnant Glahn aus »Pan«, den Selbstmörder aus »Das letzte Kapitel«, Agronom Nagel aus »Mysterien«. Wie sind sie beschaffen, diese Figuren? Wie hat der Autor sie aufgestellt, wie hat er das Problem des Helden gelöst? Wie ist sein Held ausgestattet, ist das Erzählprinzip?
Es sind gerüchtgeborene Figuren. Der Eintritt in die Handlung: das Gerücht. Der Motor der Handlung: das Gerücht. Die »Mysterien« zum Beispiel läßt er zwar konventionell, doch nicht aus der Allwisserperspektive beginnen: »Um die Mitte des vorigen Sommers war eine kleine Küstenstadt der Schauplatz einiger höchst ungewöhnlicher Begebenheiten. Ein Fremder tauchte auf, ein gewisser Nagel ...«
Der Roman beginnt mit einer Ferneinstellung. Gezeigt wird ein Mann, der auf einem anlegenden Küstendampfer unschlüssig auf und ab geht, endlich das Gepäck dem Hotelportier hinunterreicht, jedoch mit dem Schiff weiterfährt, um später auf dem Landweg im Städtchen einzutreffen, wo sich Neugierde und Argwohn unverzüglich an ihn heften. Ein Mann von dreißig in einem schreiend gelben Anzug; Agronom, wie er dem Wirt zu verstehen gibt. Sein Benehmen erscheint schrullig, zumindest unberechenbar, offenbar darum, weil er alles in einem gefährlichen Sinne auf sich bezieht.
Im Hotelzimmer hängt er ein Bild ab, er legt einen

eisernen Fingerring, eine abgegriffene Rettungsmedaille, ein Giftfläschchen sorgfältig auf dem Nachttisch aus; zieht Telegramme aus der Tasche, sie enthalten hohe Angebote auf einen Hof – er bricht darüber in Lachen aus; dann starrt er lange auf einen Fleck an der Wand.

Ein Verrückter? Woher kommt, was bezweckt er mit seinem Aufenthalt? Das bleibt vorläufig und noch lange offen und wird auch bis zum Schluß nicht ganz enthüllt. Beschrieben werden Situationen und Bruchstücke seiner »Tätigkeit«. Und eine recht undurchsichtige Tätigkeit, die manchmal geradezu an Politik grenzt, entfaltet er nur zu bald. Zunächst knüpft er Verbindungen an.

Da ist der verwachsene »Minute«, der im Gastraum des Hotels von einem jungen Gecken, einem »Herrn Bevollmächtigten« mit Bier gefüllt und zu demütigendem Schabernack veranlaßt wird (offenbar handelt es sich um allgemein beliebte Späße). Für Nagel ist das Entwürdigende Grund zur Einmischung: »Ich bezahle Ihnen auf der Stelle fünfzig Gulden, wenn Sie diesem jungen Hund das Glas auf den Kopf hauen.« Solcher Art ist seine Einführung im Städtchen. Aus dem Vorgang entspinnt sich ein Komplizenverhältnis zwischen Nagel und dem Krüppel, den er sowohl ehrerbietig als auch diabolisch behandelt. Durch ihn erfährt er alles Wissenswerte über Stadtpersönlichkeiten, vor allem aber über die junge Pfarrerstochter Dagny Kielland, die der wahre Grund seines Bleibens sein muß, wie der Leser bald zu ahnen vermeint. Sie ist das Lieblingskind aller, und sie hat sich eben mit einem reichen, gutaussehenden Marine-Leutnant verlobt. Ihretwegen scheint es vor kurzem zu einem unliebsamen Vorgang gekommen zu sein. Ein Vikar hat sich umgebracht. Die Nachrichten holt Nagel aus seinem Vertrauensmann Minute heraus. Nagel wird zur Beerdigung des Selbstmörders erscheinen und sich aufsehenerregend betragen. Auch er wird sich zuletzt umbringen. Vorläufig jedoch sammelt er Informationen. Er biedert sich bei der Stadtprominenz an, inszeniert Zusammenstöße und Skandale: alles nur, um dieser Dagny näherzukommen? Doch weiß man nie, geschieht es letztlich ihretwegen, oder ist sie eine Stellvertreterfigur?

Die Handlung ist nicht recht rekonstruierbar, deshalb soll eine Rekonstruktion erst gar nicht versucht werden. Rein äußerlich betrachtet, wirkt manches übertrieben, theatralisch. Nagels Kostümierung und Requisiten sind theatralisch, und auch manche seiner Auftritte sind es, wie etwa die Teilnahme am Selbstmörderbegräbnis, wo er in seinem unpassenden Aufzug erscheint und abseits der Trauergemeinde die Grabtafel einer Frühverstorbenen mit einem obszönen Vers besudelt. Doch gewinnen noch derlei effekthascherische Szenen Glaubwürdigkeit: durch Hamsuns Erzählweise.

Die Erzählweise ist episodisch sprunghaft und hinterhältig. Charakteristisch der dauernde Distanz- und Perspektivenwechsel. Die Einstellung schwankt immerfort zwischen Fern- und Naheinstellung, Außen- und Innenansicht, zwischen realer Ebene, Selbstgespräch, Erinnerung, Reflexion, Traum. Zwischen dritter, zweiter und erster Person, Vergangenheit und Gegenwart.

Herr Nagel wird in Auftritten beobachtet; und er gibt sich in Selbstgesprächen preis.
Das sei kurz an der Romanexposition illustriert.
Nagel erscheint buchstäblich am Horizont. Man sieht ihn – durch die Augen des Gerüchts – auf Deck des Dampfers. Geheimnisvoll tritt er sodann im Hotel auf. Wir sehen ihn bis dahin immer aus der Sicht des Dritten und geraten mit diesem in den Bann der Faszination, teilen Skepsis und Neugierde des Außenstehenden. Doch auf einmal sind wir mit Nagel allein und belauschen sein Selbstgespräch, das unvermittelt die Themen wechselt, jedoch partiell Erklärungen nachliefert für die vorangegangenen Handlungsmomente. Nagel entdeckt sich dem Leser ratenweise. So erfahren wir beispielsweise den Grund, warum er im Städtchen abgestiegen ist.
»Wenn du ehrlich bist, mußt du sagen, was wahr ist: Eigentlich warst du auf dem Heimweg, wurdest aber vom Anblick dieser Stadt – so klein und elend sie ist – plötzlich heftig gepackt und warst nahe daran, vor geheimnisvoller Freude zu weinen, als du alle diese Flaggen sahst. – Übrigens war es der zwölfte Juni, man flaggte für Fräulein Kiellands Verlobung, zwei Tage später traf ich sie selbst...«
Im Falle einer vorzeitig weißhaarig gewordenen Frau, für die Nagel sogleich ein heftiges Interesse an den Tag legt, lautet die im Selbstgespräch offenbarte Erklärung:
»Übrigens weiß ich sehr wohl, warum deine Augen mich so fesseln, ich wußte es von Anfang an. Es ist seltsam, daß einem eine Jugendliebe so lange nachgehen kann und sich dann und wann wieder meldet.

Und doch hast du ihr gesegnetes Antlitz nicht, weiße Frau, auch bist du viel älter als sie. Ach ja, aber sie verheiratete sich dann mit einem Telegraphenbeamten und zog nach Kabelvaag! Nun, so viele Köpfe, so viele Sinne; ich konnte nicht auf ihre Liebe warten und sollte sie auch nicht bekommen. Dabei war nichts zu machen... So, da schlägt es halb elf... Ist das möglich! Nun, daran ist nichts zu ändern. Aber wenn du nur wüßtest, wie innig ich zwölf Jahre lang an dich gedacht und dich niemals vergessen habe... Hehe, das ist ja auch mein eigener Fehler gewesen, sie konnte nichts dafür. Während andere ein Jahr lang daran denken und damit basta, gehe ich umher und denke zehn lange Jahre daran...«

In solchen Selbstgesprächen wird Nagels Absonderlichkeit nach innen verlagert. Das Schockierende und vielfach Exhibitionistische seines Gebarens gewinnt auf diese Weise Glaubwürdigkeit, überhaupt Dimension: Die Gegenwart ist nämlich für Hamsuns Helden unausweichlich bezogen auf eine immerpräsente unverdaute Vergangenheit. Nagel sieht sich umstellt von Bedeutungen, Signalen, Warnungen, Fallen. Verfolgungswahn? Er erlebt lauter Varianten früher Grunderfahrungen. Handlung, könnte man in seinem Falle sagen, entsteht aus einer entsprechenden Empfindlichkeit und Empfindsamkeit.

Der ganze Tanz aus Auftritten und Monologen dient anscheinend der Einkreisung eines komplizierten Persönlichkeitsbildes und Verhaltensmusters. Als Verrücktheit erscheint beides darum, weil es aus stockkonventioneller Sicht geschildert und gebrandmarkt wird. Die Konvention ist widerwillig fasziniert von solchen Einbrechern, sie muß sich mit ihnen beschäftigen, weil diese alles in ein ungewohntes Licht bringen. Sie läßt ihnen vorübergehend sogar Gerechtigkeit widerfahren, dies schon darum, weil Passanten von Nagels Zuschnitt letztenendes an der Konvention zugrunde gehen. Die bürgerliche Gesellschaft ist zuerst verstört durch solche Versucher: an deren Betragen entlarven sich Resignation und Kompromiß. Aus Selbsterhaltungsgründen muß die Gesellschaft sie aber ausscheiden wie Giftstoffe, und alles wird wieder wie früher. Zurück bleibt die Fama. Nur gerüchtweise sind solche »Helden« erlaubt.

Nagel begegnet der Gesellschaft sowohl anmaßend als auch unterwürfig. Zeitweilig buhlt er um ihre Gunst. Sein provokantes Verhalten erwächst aus Verständigungsresignation. Nagel ist Absolutist und Radikalist von Natur aus, doch beileibe kein Weltverbesserer, er ist illusionslos aus Erfahrung, er ist Nihilist. Seine Theatralik ist Handlungsersatz und von Lebensüberdruß diktiert.

»... überall gab es nur Läuse und alten Käse und Luthers Katechismus. Und die Menschen waren mittelgroße Bürger in zweistöckigen Hütten; sie aßen und tranken zu des Leibes Notdurft, verschönten sich das Leben mit Toddy und Wahlpolitik und handelten tagein, tagaus mit grüner Seife, Messingkämmen und Fischen. Nachts aber, wenn es donnerte, lagen sie da und lasen vor lauter Angst in Johan Arendt. Ach, schenk uns zum Beispiel ein ausgewachsenes Verbrechen, eine hervorragende Sünde! Aber nicht so eine lächerliche und bürgerliche Abc-Verirrung, nein, die seltene und haarsträubende Ausschweifung, die delikate Ruchlosigkeit, die Königssünde, voll der rohen Herrlichkeit der Hölle. Ach, das Ganze war so kleinlich...«

Nagel bringt sein Szenario immer schon mit. Er würde das eine Spiel in Variationen überall auslösen. Da er keine Entwicklungsmöglichkeit hat, gibt es auch keine echte Handlung, nur Auftritte, Selbstgespräche. Der kleinen Stadt steht eine Nagelsche Aufführung bevor.

Seine Zielstrebigkeit: er sucht Besetzungen für sein Personenregister, die Rollen. Warum aber dann die ewige Neuinszenierung? Worauf wartet Nagel noch? Auf den Anlaß, endlich Schluß zu machen? Auf die passende Gelegenheit für den überzeugendsten Schluß – oder auf das Unmögliche: auf Begnadigung? Hier ist der Punkt, wo die Nagelschen Szenen in eine Geschichte umschlagen könnten: eine Liebesgeschichte.

Zurück zur weiblichen Hauptfigur. Dagny Kielland, jugendlich reizvoll, auch charaktervoll, ist das Adoptivkind Aller. Sie repräsentiert alle Tugenden der Normalen, nur daß sie bedingt empfänglich ist für das Außerordentliche eines Nagel. Wenn sie ihm zeitweilig entgegenkommt, dann allerdings eher aus Eitelkeit, denn aus echter Betroffenheit. Sie ist letztlich konventionell, auch opportunistisch. Für Nagel repräsentiert sie das Unerreichbare.

So versteht sich sein ungereimtes Betragen als ein verzweifeltes Fuchteln vor verschlossenen Toren. Sowohl seine schockierenden wie seine edlen Taten im Städtchen sind einzig auf sie bezogen: seine Art des Werbens. Warum aber muß er überall da, wo er ihr

Interesse zu gewinnen beginnt, alles zerstören, indem er seine Motive verdunkelt und sich als gemein und berechnend hinstellt? Er tut es, weil er Angst hat vor einem mißverständlichen, fragwürdigen, vor einem halben Geliebtwerden. Er will nicht um einzelner Vorzüge willen, nicht seines Mutes oder seiner Noblesse oder seines Geigenspiels wegen, er will bedingungslos geliebt werden. So kommt Erlösung durch sie nur in jenem anderen Sinne zustande: als Erlösung vom Dasein.

Es gibt Bücher, die einen für immer durchtränken, zumal wenn man sie jung zu lesen bekommt. Man liest sie mit einem Überschwang an Zustimmung und fühlt sich gleichzeitig erstarken unter der Lektüre. Vielleicht sind es Schlüsselromane für Schlummerndes. Das Buch hat es aufgestört, das Schlummernde: in der Gestalt einer Schlüsselfigur. Wir schlüpfen in ihren Umriß und gelangen in der Vorwegnahme in eine Art Deckungsgleichheit mit uns selbst. Das Buch als Geburtshelfer?

Hamsuns Helden sind solche Schlüsselfiguren, insbesondere für das junge Alter, die Stufe der Lebensanwartschaft. Da ist für heutigen Geschmack nicht wenig Melodram. Doch haben die Helden den unvergleichlichen Hamsun-Ton. Der Ton transportiert die in sich zerstrittene Seele. Wohin mit den hochfliegenden Wünschen? Wohin mit dem Todesmut? Kein Kreuzzug in Sicht, kein Appell, keine Verwendung. Es ist alles fad. Der jugendliche Held ist müde von so viel vorausgelebter Enttäuschung. Er legt die Maske des Abscheus und Hochmuts an, um das Gefühl zu verbergen. Er ist verrückt, sagen die braven Leute. Nur die Liebe könnte ihm die Maske vom Gesicht reißen.

(1966)

Ihrer ist das Himmelreich

Es ist schwer, über einen Naiven etwas Charakteristisches zu sagen, das nicht auch für andere »peinture naive« Geltung hätte. Alle Naivenkunst ist sich ähnlich, weil sie denselben psychologischen Bedingungen entspringt. Man könnte sagen, sie sei Manifestation einer ins Erwachsenenalter hinübergeretteten kindlichen Sehweise, gepaart mit einer besonderen dekorativen Begabung. Vom Standpunkt einer akademisch naturalistischen oder idealistischen Kunstauffassung muß sie als barer Dilettantismus gelten, was auch lange der Fall war. Heute haben wir, geschult an den »Naturanschauungen« der Expressionisten, Abstrakten und Phantasten, geschult auch an der Kunst der Kinderzeichnung, der Exoten und Prähistorie – und nicht zuletzt der Popartisten, günstigere Voraussetzungen zum Verständnis der Naiven als frühere Generationen, die eben hauptsächlich das Dilettantische bemerkten und belächelten.

Der Dilettantismus des Laienmalers drückt sich darin aus, daß zwar offensichtlich die sichtbare Welt der Erscheinungen anvisiert wird (Landschaft und Mensch, Tierwelt, Interieur, kurz: Natur und »nature morte«), aber der Maler bringt es nicht fertig, seine Vorlage in eine einheitliche Illusion nach gängigen Begriffsmustern zu verwandeln. Auf dem Bild des Naiven kommt beispielsweise der Mensch – der auf der Ofenbank liegende oder tätige oder Modell stehende Mensch – letztenendes nicht täuschend ähnlich und lebensecht heraus, vielmehr eher kasperleartig ungelenk, anatomisch unrichtig, fehlerhaft und unsinnlich. Er lebt nicht richtig, sein Organismus funktioniert nicht, er hat kein Gewicht, er schwebt mehr, als er steht, er ist nach kindlichen Vorstellungen imaginiert, im Detail vielleicht aber genau beobachtet und kopiert. Mit dem Vorne und Hinten, den Proportionen, mit klein und groß wird recht willkürlich verfahren. Es ist, als schicke sich einer an, die Welt mühsam zu buchstabieren.

Das ist der eine Aspekt: die Fehlerquelle als Quelle des Charmes, aber auch als verfremdendes Element und Ausdrucksmittel. Doch sind die Unrichtigkeiten eingebettet in einen verschwenderisch fabulierten und betörend ausgeschmückten Bilderbogen. Die verschiedenartigsten Naturalien werden einem eigenen ästhetischen Programm einverschmolzen, sie kommen zur Einheit auf der Ebene einer eigenen Weltschau und Begriffswelt und zweitens auf der Ebene eines dekorativen Zusammenhangs, der eine phantastische Ausdruckskraft erreichen kann. Aus solchen Voraussetzungen kann in den besten Fällen ein Kunststil hervorgehen, der seinen eigenen Schönheitsbegriff aufstellt. Daß dieser Stil nicht mit Naturalismus verwechselt werden darf, versteht sich. Doch um einen Realismus geht es: um einen Realismus allerdings, der vom Stand der (zeitlichen) Dinge unbelastet ist und geradewegs auf das zeitlose Bild der Schöpfung zielt, auf das Paradiesgärtlein: heil, andächtig, gottesfürchtig, franziskanisch.

Im Verhältnis zum professionellen, zum problematisch zeitbewußten Realismus kann man die Naivenkunst auch als einen »mundartlichen« Realismus bezeichnen. Mundartlich im Sinne der regionalen Gebundenheit, der getreuen Fixierung auf einen erzheimischen Ausschnitt der Welt. Würde man Gedankengut und Bilderschatz der Laienmaler näher untersuchen, käme man auf vielerlei provinzielle Klischees. Der Naive sieht die Welt in der Optik des Volksmunds, in diesem Sinne mundartlich; und was der Volksmund bewahrt, vom Sprichwort bis zur Kalendergeschichte und Aberglauben, lebt in seiner Kunst nach. Solche Malerei kann ein Sammelbecken sein der verschiedenartigsten volkstümlichen Überlieferung, ein Sammelbecken der Tradition. Angestrebt jedoch ist in den meisten Fällen die Verklärung zum wunderbaren Garten Gottes in seiner reinen und zeitlosen Form.

Vermutlich liegt hier der Grund für die zunehmende Beliebtheit der »peintres naifs«: sie bieten dem verwirrten Zeitgenossen Geschichtslosigkeit, echte paradiesische Enklaven an. Nicht die modernen Sakralkünstler und Kirchenausmaler: einzig die Naiven haben noch Zugang zum Paradies. Nur »ihrer ist das Himmelreich«.

So einer ist Adolf Dietrich, geboren 1877 in Berlingen am Untersee, gestorben ebenda 1957. Er arbeitete zuerst als Maschinenstricker für eine Trikotagefabrik, später als Tagelöhner und Waldarbeiter, zuletzt als Streckenarbeiter bei der Bundesbahn. Ein malender Knecht also, der zu Lebzeiten entdeckt wurde und bald in die Elite der internationalen Gilde der Laienmaler aufrückte.

Dietrich ist kein Zöllner Rousseau. Sein Traum vom

Paradies ist enger. Wo Rousseau Urwälder mit Schlangenbeschwörern, Affen und Tigern malt, da verfertigt Dietrich Bilder vom Fensterbänklein mit Blumen, Vögeln, Käfern und Käferchen. Oder Hasen und Meerschweinchen. Oder den Nachbarsgarten. Oder immer wieder Winterbilder vom Untersee.
Im Vergleich zum phantastischen Entdeckungsreisenden Rousseau ist Dietrich ein Andachtsmaler häuslichen Glücks, eines spezifisch schweizerisch kleinbürgerlichen, eines kärglicheren Glücks. Doch auch Dietrichs Pflanzen schwellen zu kühnen Glasbläsereien, auch seine Tiere haben jenes schrecklich Ungreifbare, eine Art Astralleiblichkeit, und seine Landschaften atmen eine grünblaue Entrückung, die frieren macht. Vielleicht lag das »Land der Seele« des Strickers und Bahnarbeiters mehr in Sibirien als in Äquatorialbreiten.

(1967)

Wieviel Hoffnung braucht der Mensch?

Beppe Fenoglio ist 1963 vierzigjährig gestorben. Als Schriftsteller hat er sich in den fünfziger Jahren kurz hervorgetan, dann aber vom Literaturbetrieb zurückgezogen, um als Englischkorrespondent einer Weinfirma ein (nach außen wenigstens) ereignisarmes Leben zu führen. Ein öffentlichkeitsscheuer Schriftsteller allem Anschein nach, der es nicht mehr für nötig hielt zu publizieren, wenn er auch weiterschrieb. Zwei seiner Romane wurden erst postum veröffentlicht.

Fenoglio ist Piemonteser, in Alba geboren und gestorben. Das wichtigste Ereignis scheint ihm der Krieg aufgezwungen zu haben. Fenoglio hat ihn als Partisan der Badoglio-Anhänger überstanden. Seine Bücher handeln davon. Sie scheinen zur Zeit in Italien eine Art Renaissance zu erleben, sie verdienen es auch.

Es sind Bücher, die vor allem durch die Ausstrahlung der Hauptfigur bewegen, hinter welcher der Autor vermutet werden darf. Ein Nachzügler der verlorenen, der betrogenen Generation ist dieser vertrackte eigenbrötlerische junge Mensch aus ärmlichen Verhältnissen, der gerade so weit kam, um am offenen Gelände jenseits von Schulmauern, Herkunft und Provinz zu schnuppern, als sich die Ausnahmebedingungen von Faschismus und Krieg darüberstülpten und ihn vor Entscheidungen stellten, die keiner sich wünscht. Dieser Held schlug sich (wie sein Autor) zu den Partisanen. An Stelle von Studium, Fortbildung, Lebenerlernen empfängt ihn die Schule des Untergrundkampfs, ein Leben in Illegitimität, das alle Ansprüche des Individuums erwürgt. Diese extremen Bedingungen einer Jugend bleiben prägend und werden zu den beherrschenden Stoffen seiner Bücher. Es geht darin um ein absurdes Leben und um den absurden Tod, um Gefangenschaft unter absurdem Diktat, um das Schüren eines Überlebensfünkchens Hoffnung, um die Verteidigung eines Restbedarfs Privatheit und um die Frage: Wieviel Hoffnung braucht der Mensch.

Im Roman »Eine Privatsache« (Una questione privata) stößt der Partisan Milton auf Patrouille auf eben jenes Haus, wo er, noch vor seiner Partisanenzeit, eine sehr zarte Geschichte mit einem in die Provinz evakuierten Großstadtmädchen erlebt hat – eine Grand Meaulnes-Geschichte. Die Konfrontation mit dem Fragment privater Vergangenheit wird darum aufwühlend, weil das Mädchen alles verkörpert, was er an Hoffnung besitzt. Aus Äußerungen der Hausbesorgerin erfährt Milton, daß sein bester Freund in der Zwischenzeit eine wirkliche Affäre mit dem Kindmädchen gehabt haben soll. Besteht seine Hoffnung also noch zu Recht? Plötzlich wird die Beantwortung dieser Frage zum Wichtigsten auf der Welt. Und nun begibt sich der Partisan Milton auf eine halsbrecherisch-einzelgängerische Expedition – um die Wahrheit zu suchen. Er schlägt sich durch Feindesland, um den Freund aufzuspüren, der in einer anderen Partisanenabteilung Dienst tut, muß aber, am Ziel angekommen, erfahren, daß Giorgio eben von den Faschisten gefangengenommen worden ist und seine Exekution erwartet, es sei denn, man bekommt ihn im Geiselaustausch frei. Da keine der ihm bekannten Partisanenabteilungen zur Zeit über Gefangene verfügt, geht Milton von neuem los, um einen für den Austausch würdigen Gefangenen zu machen, was ihm – auf eigene Faust – auch gelingt. Nun schickt er sich an, seinen gefangenen Unteroffizier (der faschistischen Truppen) heil durchs besetzte Land zu eskortieren, er behandelt ihn übervorsichtig wie ein zerbrechliches Kleinod, fleht ihn an, ja keine Dummheiten zu machen (da er ihn ja nicht in den Tod, sondern via Geiselaustausch in die Freiheit zu befördern gedenkt) – und verliert ihn dennoch kurz vor dem Ziel, weil der Gefangene einen Fluchtversuch unternimmt und Milton ihn in einer jähen Reflexhandlung erschießt. Milton wird die Wahrheit nicht erfahren, er gerät in eine Falle und rennt in eine Freiheit, die unterm Kugelhagel nur Ewigkeit bedeuten kann.

Das denkbar privateste Motiv wird hier zum Auslöser von Kriegsheldentaten und dient gleichzeitig der Relativierung des Heldentums. Natürlich läßt die Stimmung des Absurden an Camus und die pakkende, ins Metaphorische weisende Fabel vielleicht an Hemingway denken. Beide waren hohe Orientierungspunkte für die europäische Nachkriegsliteratur, insbesondere auch für die italienische. Doch vergißt man alle Einflüsse bei der Lektüre von Fenoglios Büchern dank einer im spürbaren Erlebnisfundus verankerten, aus dem Regionalen und vor allem der Landschaft destillierten Originalität, kurzum auf Grund

der Authentizität. Es ist jedoch vor allem die aus Barschem und Schüchternem sich mitteilende Persönlichkeit der Hauptfigur, es ist die einsame Reinheit, was bei Fenoglio dermaßen hinreißt.
In einem zweiten, unter dem deutschen Titel »Eine feine Methode« (im Original: La paga del sabato) eben erschienenen Roman lernen wir den demobilisierten Partisanen in Friedenszeit kennen. Anpassung kann nicht stattfinden, das unsichtbare »Internat« des Krieges läßt sich nicht sprengen. Auch hier setzt ein absurder Tod das Ende.

(1971)

Chaim Soutines hungernde Augen

Hundert Bilder von Chaim Soutine, schön gruppiert in den gepflegten Sälen der Orangerie – zuerst ist es fast eine Enttäuschung. Warum? Weil man sich bei diesem Maler die Integrierbarkeit in den musealen Rahmen schwieriger vorgestellt hätte? Oder weil man sich Soutine nicht gern als »Kulturgut« denken mag? Seine Legende ist so schön wild und traurig, und nun wirken die Bilder, dreißig Jahre nach seinem Tode, bereits als herrlichste Peinture, geradezu zeitlos schön.

Er wurde 1893 in der Gegend von Minsk (Litauen) als Sohn eines jüdischen Schneiders geboren, hat sich schon als Vierzehnjähriger selber durchschlagen müssen, arbeitete als Retoucheurgehilfe, besuchte aber gleichzeitig Zeichenkurse in Minsk. Mit zwanzig Jahren taucht er – gewissermaßen barfuß, stellt man sich vor – in Paris auf, um die Legion der hungernden hoffenden Künstler um ein weiteres Beispiel zu mehren, ein Ostjude wie Chagall, wie Pascin. Ein zerlumpter, wilder, ein umgetriebener Bohemien wie Modigliani, der schon bald sein Genosse wird. Soutine wird vom selben Kunsthändler, der Modigliani entdeckt hat, unter Vertrag genommen: vom Polen Leopold Zborowski; und ein amerikanischer Sammler findet Gefallen an dieser Malerei. Der Wildling kann sich einkleiden, er kann sich ein richtiges Atelier leisten, sogar zeitweilig aufs Land, nach Südfrankreich, absetzen. Er ist beinahe schon arriviert, es kommt sogar ein Buch (in seinen frühen Lebzeiten) über ihn und sein Werk heraus. Doch scheint er seinen Erfolg eher linkisch und ohne Schaden zu nehmen absorbiert zu haben. Er bleibt der inbrünstige »peintre maudit«, wenn auch mit wunderbaren Wendungen im Lebenslauf.

Es kommt der Krieg, Frankreichs Besetzung durch die Nazis, Soutine taucht auf dem Lande unter. Er stirbt 1943, mit fünfzig Jahren, an einem Magengeschwür.

Er hat gemalt: Frühe Landschaften, auch Stadtlandschaften, in turbulenter Chaotik, die einem Überschwang des Herzens entsprungen sind; Fleischstillleben, gehäutete Ochsen, Rippenstücke, Tierkadaver und aufgehängtes gerupftes Federvieh; viele Bildnisse, darunter mit Vorliebe Dienstpersonal in Uniform oder Livree, Hotel- und Küchenpersonal, Geistliche; aber auch wunderbare Kinder- und Frauenbildnisse. Zuletzt Alleen, Baumzeilen, gebeugt und gepeitscht von Stürmen, die gewiß nicht nur vom Wetter kamen; auch merkwürdig friedlichen Alltag: im Grünen.

Aber er hat das alles in einer ganz und gar eigenen Manier, nein: Vision! wiedergegeben, mit hungernden Augen, die alles, Mensch, Tier, Baum und Haus, zerfleischten, ausweideten, durchglühten.

Das Inkarnat, das heute, aus dreißig-, vierzigjährigem Abstand, seine Bilder so kostbar illuminiert und mit dem Gütezeichen höchster Malkultur stempelt, war damals Ausdruck seines an die Welt verschwendeten Herzblutes. Dabei ist Soutine keineswegs der Naive, als den ihn die Legende gerne tradiert. Er lernte im Louvre, vor einem Courbet, Tintoretto, Goya, Rembrandt, ja Fouquet. Er war kein kulturloser Barbar, eher ein Scholar, natürlich ein hochbegabter. Er brachte eine eigene Bilderwelt mit, und dazu ein mächtiges Mitgefühl für alle Kreatur, er hatte bereits sein Eigentum, sein fremdartiges inneres Gepäck, doch entbunden hat es ihm, wie unzähligen anderen, die erleuchtete Stadt, die damals noch eine kulturelle Hauptstadt der Welt war.

(1973)

Der letzte Tango in Paris

Der Held der Geschichte ist Amerikaner, ein Mann von achtundvierzig Jahren, gewesener Boxer, auch Schauspieler, auch ein wenig Bongospieler, Journalist usw., der in der Welt herumgekommen und in Paris mehr gestrandet als gelandet ist: er ist jetzt der Patron eines billigen kleinen Hotels mit zwielichtigen Zimmer- und Dauermietern, von denen er selbst einer war, bevor er die Tochter des Hotelbesitzers heiratete. Ein Heimatloser, ein noch recht gut aussehender Abenteurertyp, etwas lädiert, alles in allem keine rühmliche Erscheinung, schon eher eine verkrachte Existenz. Wir sehen ihn geistesabwesend durch die Straßen irren, dann in einem fremden Haus eine leerstehende Wohnung betreten (die zu mieten ist, wie ein Aushang vermeldet), kaum in ernsthafter Absicht, eher um sich zu verkriechen, ist anzunehmen. Seine Frau hat sich am Vorabend dieser Szene mit einem Rasiermesser ums Leben gebracht, und er ist diesem Faktum ausgeliefert. Warum hat sie's getan, warum nur? Er ist nicht der Typ, der einem solchen Geschehen gewachsen wäre, darum möchte er sich irgendwo verkriechen.

Gleichzeitig mit ihm inspiziert ein junges Mädchen die Wohnung. Mini-mini-Jupe und Stiefel unter einem pelzverbrämten, aufreizend klaffenden Maximantel, ein breitkrempiger Hut nach Männerfasson, sehr modisches Hippie-Kind aus bürgerlichem, fast großbürgerlichem Hause, Vater Ex-Kolonialoffizier,

Oberst, gestorben, wie der Zuschauer später erfährt, die Stadtwohnung voller väterlicher Reminiszenzen, das Haus auf dem Land, wo man aufwuchs, ein Traum aus der Gegend des Grand Meaulnes. Sie ist mit einem (empfindsamen) Jungfilmer liiert, eine vor Vitalität strotzende Kindfrau, keck und triumphal. Sie schaut sich die Wohnung an, aus Laune, aus Zufall, oder auch in ernsthafter Absicht: im Hinblick auf eine festere Verbindung? Jedenfalls sind die beiden Protagonisten auf einmal »unbekannterweise« zusammen in dieser Wohnung (die großzügig angelegt, doch heruntergekommen wirkt, abgewohnt). Zwei Unbekannte, ein Lebensversprechen in Person und ein Bild des Zusammenbruchs beisammen in diesen bühnenhaften Räumen. Das ist die Exposition der Geschichte, und sie wirkt schicksalhaft genug – und soll es wohl auch sein. Das Moment der Fügung (wenn nicht Vorsehung) liegt aufdringlich in der Luft – und wirkt dabei untergründig wie ein Zitat.

Anspielungen im Sinne des Zitats gibt es übrigens eine ganze Menge bei diesem traum- oder alptraumhaft verklärten Geschehen, das in einem Niemandsland die Abwicklung eines Untergangs seziert, sowohl ergreifend als auch erbarmungslos. Angespielt wird auf das Paris der Liebenden, auf »Tod in Venedig« und »Liebestod«, auf den »Amerikaner in Paris« (der verlorenen Generation), auf die Systeme von Haus, Familie, Heimat – alles nur noch entleerte Begriffe und Gegenstand gotteslästerlicher Verhöhnung.

Doch das ist ein Vorgriff. Zunächst folgt die sexualspektakuläre Sequenz, die allerorten Zensur und Kritik hervor- und das Publikum massenweise ins Kino lockt: der Mann, durch die Anwesenheit des Weibchens aufgestört, »nimmt sie sich«, und zwar voraussetzungslos. Man sieht einen Koitus im Stehen, der keine Vergewaltigung ist, nur ein abgekürztes Verfahren – wie man in der Folge allerlei Nacktheit und sexuelle Praktiken sieht, die jedoch nicht obszön, im Gegenteil: natürlich wirken. Denn hier wird Konversation, Kommunikation, Liebe erklärtermaßen auf das Nur-Sexuelle reduziert. Die Abmachung ist: keine Namen, keine Personalien, keine Privatheit, keine Geschichte preiszugeben. Die beiden treffen sich nun mehrere Tage in der als Liebesnest dienenden Wohnung, sie scheinen aber weniger gefangen im Sexus, als vorerst darin befreit. Der Sexus wird eine Sprache, eine Insel; und er erfindet sich eine neue gemeinsame Welt. Ihre Welt.

Am beiderseitigen Privatleben hat nur der Dritte im Kinosaal teil. Wir sehen den Mann – großartiger Höhepunkt – im verzweifelten Zwiegespräch mit dem aufgebahrten (und von der Mutter umkränzten, schauerlich geschminkten) Leichnam; sein Hadern mit der toten Betrügerin oder Versagerin erfolgt in einem fäkalischen, zotenhurenhaften Vokabular, das so wohl noch nie zu hören war, das aber Schmerz, Fassungslosigkeit, ja Liebe geradezu wundersam auszudrücken in der Lage ist; wir sehen ihn vor dem Scherbenhaufen seiner bisherigen Lebensexpedition. Und wir sehen das Mädchen derweilen mit ihrem Jungfilmer. Er dreht das »Porträt eines jungen Mädchens« (mit ihr als Gegenstand) und deren Liebesgeschichte (mit sich als Partner) und geht auf lächerlich

kunstbeflissene Weise ihren Spuren bis in die frühe Kindheit und seiner Ansicht nach wohl den Spuren der »Wirklichkeit« nach. Außerdem treiben die beiden ihrer Verehelichung entgegen.
Zwischendurch als Konstante: die leere Wohnung mit ihrem Parkett und dem Bett darauf: als Liebesfloß. An Stelle des üblichen Liebesgestammels sowohl das Mimen tierischen Brunstlauts wie ein männlicher Begleitkommentar im ungeschminktesten Fick-Jargon, brutal. Dazu ein vielvariiertes Schauspiel vom »Geschlechterkampf« samt Analkopulation. Der Sexus erweist sich als schöpferisch, er hat sich eine einmalige gemeinsame Welt erfunden. Das Mädchen bindet sich an den Mann, der zuerst flieht. Als er zurückkehrt, kommt es zum großartigen *Rendez-vous manqué* und zum hinreißenden Finale, das dem Film seinen Namen gibt.
Straßenszene. Das verstoßen-verstörte Mädchen wird vom Amerikaner aufgespürt und mit der (desillusionierenden) Lüftung seines Inkognitos konfrontiert: Hotelpatron, Witwer, Selbstmord der Frau – lauten die Personalien. Und sein Antrag: die Ehe. Das Ganze in Form einer überstürzten Depesche, im Gehen. Hat der Mann Lebenshoffnung gefaßt, oder sucht er ein beschleunigtes Ende der Geschichte? Das desillusionierte, vom Wechsel der Gefühle überwältigte Mädchen läßt sich in ein Café zerren, in welchem eben ein Tango-Tanzturnier stattfindet. Der Saal ist ganz in das erinnerungs-gelb-braunstichige Licht getaucht, das dem Film die Dimension des Entrückten, zumindest Poetischen verleiht. Auf dem Parkett die tanzenden Paare, größtenteils abstoßend-

eifrige Vertreter tanzbeflissener Kleinbürger, in den Bewegungen marionettenartig übersteigerte Abonnenten eines langen Tango-Unterrichts. Das Ganze eine grausige Farce, dazu die abschiedsgetränkte Musik, die den ganzen Film entlang leitmotivisch alles voran- und zum Drama hintrieb, nun aber in triumphaler Entfaltung und Dominanz. Und am Rand des makabren Gesellschaftsspiels mit seinem musikalischen Trauer- und Erinnerungsballast das Paar, das sich eben endgültig verpaßt hat.
Der letzte Tango wird ausgerufen, die Konkurrenten treten steifgepaart an, die Musik setzt ein, die Scherenbewegungen der Beine in vielfacher Überschneidung, die geworfenen Hälse, die starren Profile, die zurück- und vorgeklappten Oberkörper und – die beiden Randfiguren treten ebenfalls torkelnd zu ihrem letzten Tanz an. Jetzt ist der Amerikaner plötzlich ein lächerlicher alter Mann und das Mädchen das blutjunge Kind der neuen (Pop-)Generation. In unerträglich blasphemischer Haltung nicht nur zum würdigen Anlaß, sondern ebenso zum Mythos und Ritus, den der sich selber feiernde Tango heraufbeschwört, mischen sich die beiden unter die Paare, erst huckepack, dann einander am Boden schleifend, gemeinsam am Boden sich wälzend, Verkörperung der Besudelung, auch Selbstbesudelung, aber mehr noch: Bild der Vereinsamung, grauenvoll. Der Abgang ist spukhaft. Von der Jury verjagt, verläßt der Amerikaner seinen Hintern entblößend Parkett und Etablissement. Draußen wird nur noch vollzogen, was längst entschieden ist: die Trennung. Das jäh zu sich selbst erwachte Mädchen flieht buchstäblich um sein Leben,

im Wettlauf mit dem Mann, der sie durch Straßen, Treppenhaus, Türen verfolgt, bis hinein in die Wohnung mit den Requisiten aus dem Leben des väterlichen Kolonial-Obristen, mit dessen Pistole das Mädchen ihn in einer Art Zwangshandlung erschießt. Der Amerikaner schwankt auf den Balkon, wo er seinen Kaugummi ans Geländer klebt, bevor er zusammenbricht.

Ein Einsamkeitsfilm. Der Mann ist auf den Tod programmiert, von Anfang an. Vereinsamungsgefühle überfallen den Versager und Lebensdeserteur im Gedenken an den unerklärlichen Abgang seiner Frau – und im Nachvollzug der schrecklichen Fremdheit zwischen ihnen. So lange aneinander vorbeigelebt und nichts geahnt? Hat er sich in dem Mädchen eine Gehilfin zum Sterben gesucht? Offenbar ist er aus Unlust an amerikanischen Leistungserwartungen zum Altgammler geworden, ein exilierter »Amerikaner in Paris«. Aber das Paris eines Henry Miller ist sternenweit entfernt, da ist kein Prickeln von Lebenslust und keine erotische Elektrizität in der Luft. Als ehemalige Hauptstadt Europas bietet ihm Paris nur noch den Platz seiner Hinrichtung an.
Auch das Mädchen, das junge Ding, hat keine Zukunft. Weder ist ihm die Pop-Welt (seiner Generation) eine Heimat, noch die »Liebe«. Zu guter Letzt imitiert es nur die Gebärde des soldatischen Vaters, seiner sozialen Klasse, wenn es das menschliche Problem mit einem Schuß löst – und sich vom Leibe hält. Vorübergehend bietet beiden das Floß einer voraussetzungslos praktizierten Sexualität etwas wie echtes

Leben an, doch keine Zukunft. Es ist diese Entschönung konventioneller Liebesvorstellung, was die Kinomassen aufgeilt und irritiert – in der Literatur und für die Lesenden hat die entsprechende Enttabuisierung längst stattgefunden. Was bleibt, ist ein mit hinreißender, geradezu Schluchzen machender Schönheit zelebrierter Ausweg zum Tode; andererseits vielleicht eine emotionale Gesundmagerung – wobei nicht ganz abzuschätzen ist, ob daran mehr Bertolucci oder die Präsenz des gewaltigen Brando verantwortlich ist. Ein Abschied von Europa, über dem längst nicht mehr die Sonne scheint.

(1973)

Jahreswende

Als Kinder wurden wir am 31. Dezember kurz vor Mitternacht geweckt, um an der familiären Sylvesterfeier teilzunehmen. Die Feier bestand zunächst aus einer Mahlzeit mit traditionellen einfachen Speisen, mit Wein und Glühwein für die Kinder, Champagner. Die feierliche festliche Tafel mitten in der Nacht. Das allein war schon ungewöhnlich. Besonders aufregend war die Erwartung jenes Augenblicks, der im wortwörtlichen Sinne die Jahreswende bedeutete. Dieser hochwichtige Augenblick näherte sich uns in den Klängen der Kirchenglocken. Man riß die Fenster auf, sobald die Glocken zu vernehmen waren. Jetzt wurde das alte Jahr ausgeläutet. Wie es sich davonmacht! Und tatsächlich stellten wir uns vor, wie das alte Jahr, beladen, verschrumpelt und müde, sich jetzt davonmachte und sich in den letzten verhallenden Glockenschlägen verlor. Es entschwand. Dann folgte die kurze Stille, während der man buchstäblich im Nichts hing. Darauf läuteten andere, frischere (optimistische) Glocken, wie uns schien, und das neue Jahr kam daher, hochgemut, jung, zu den schönsten Erwartungen berechtigend. Man erhob sich, ließ die Gläser erklingen, umarmte und küßte sich. Und dann saß man plaudernd beisammen, bis den Kindern die Augen zufielen.

Am eindrücklichsten jedoch war die Bangnis, die man in der schrecklichen Stille zwischen Alt- und Neujahr empfand, wenn man aus der Zeit fiel, im Leeren stand, zwischen Furcht und Hoffnung, ein jeder für sich allein.

Ich habe später die verschiedensten Sylvesterfeiern und -situationen erlebt, hier und im Ausland, im Winterkurort und in der Stadt, unterwegs in einer Kneipe, im Freundeskreis, auch arbeitenderweise ganz allein mit mir selbst. Sogar wenn man es wollte – man kann sich dem bedeutungsvollen Moment der Wende, kann sich der gesetzten Zäsur nicht entziehen, selbst wenn du dir einredest, daß der so stark erlebte Einschnitt willkürlich sei, Einbildung, Projektion: Detail einer Zeitrechnung, die jahraus jahrein und zeitlebens gleichermaßen gilt. Dennoch ist es, als werde man am 31. Dezember um Mitternacht mit dem Uhrzeiger leibhaftig in die Zukunft geschoben. Man spürt es an den Reaktionen der Feiernden. Das Knallen der Pfropfen, das Anstoßen, Gejohle, Gelächter, die Rührseligkeit, die ganze Verbrüderung hat einen Beigeschmack von Hysterie. Die Hektik der Erleichterung ist immer auch ein Überspielen von Katastrophenangst.

Man ist durchs Jahr gerannt, ist über gefährliche Klippen und um allerlei Kurven gekommen, im großen und ganzen heil. Zuguterletzt hat man mit äußerster Kraft seinen Tribut ans Weihnachtsgeschäft gezahlt. Jetzt ist man am Abgrund des Jahres angelangt. Die winzig Stille, die der festliche Ritus verordnet, bläht sich plötzlich auf und hallt wider vom Dröhnen der Zeit. Man ist bei sich, was sonst fast nie der Fall ist, des Amts, der Würden und Pflichten ledig, nackt. Wer bin ich? An der ungewohnten Konfrontation läßt sich das Ausmaß der eigenen Flucht ermessen,

die abrollende, die verscherzte, verdrängte, jedenfalls bemessene Zeit.
Wenn die Glocken das neue Jahr einläuten oder die Pfropfen der Champagnerflaschen die Zukunft einböllern; wenn endlich das Orchester wieder einsetzt und alles aufeinander losstürzt, sich zu umarmen und Wünsche aufzusagen, ist die Sekunde der Wahrheit Gottseidank überstanden. Was wird gefeiert? Die Überwindung des sylvesterpanischen Schreckens? Die Solidarität der Feiernden ist auch die Solidarität des schlechten Gewissens. Wie sollte man leben?

(1973)

Wer das Rauchen aufgibt, hat nichts zu lachen. Ich kenne einen, der innerhalb von sechs Monaten zwanzig Kilogramm Mehrgewicht angesetzt hat. Man stelle sich vor: zwanzig Kilo zusätzliches Lebendfleisch, um das Ausfallen des blauen Räuchleins wettzumachen. Andere verfallen in tiefste Depressionen oder höllischste Aggressionen; verfallen, oft über Nacht, dem Alkoholismus. Der Übergang vom Raucher zum Nichtraucher ist ein dramatisches Unterfangen.

Dabei ist allen bewußt, wie gesundheitsgefährdend diese ›dumme Angewohnheit‹ ist. Über die Gefahren des Rauchens ist mittlerweile jedermann im Bilde. Die Massenmedien leisten allerlei abschreckende Aufklärungsarbeit. Trotz aller Warnungen nimmt aber meines Wissens der Tabakkonsum keineswegs ab, eher zu. Was ist es, das den Raucher zum Sklaven macht?

Bestimmt nicht das Rauschgift Nikotin allein. Beim Nikotingenuß ist der Berauschungsgrad unmerklich. Es mag auch Körper-Chemie sein, die nach dem Gift verlangt, doch ist damit zu wenig erklärt. Die Zigarette als Ersatzbrustwarze mit dem obligaten Einlullungseffekt? Frühkindliche Oralerotik?

Ich glaube, die Attraktion des Rauchens und später die Sucht hat mit allem möglichen, insbesondere jedoch mit dem Phänomen der *Zigarettenlänge* zu tun, der Zigarettenlänge als Aufschub und Ablenkung, Realitätsvernebelung und Selbstauflösungsversuch.

Angenommen, ein sogenannter Geistesarbeiter oder Schreibtischmensch behauptet, das Zigarettenrauchen steigere sein Konzentrationsvermögen – so macht er sich etwas vor. Der Griff zur Zigarette ist nie aktionsfördernd, nicht zündend, immer Hinauszögerung. Das Herausklopfen des weißen Stäbchens, das umständliche Anzünden, dann der erste Zug mit dem bißchen Sinnesverwirrung – alldas ist Gnadenfrist. Die Zigarettenlänge ist immer Gnadenfrist vor Entscheidungen, Taten, Anstrengungen, die unser harren. Es ist, wie wenn man sich mit der Einräucherung noch einmal drücken, wenn nicht überhaupt in Rauch auflösen, zumindest verbergen könnte.

Die Zigarettenlänge ist Aufschub, doch ist auch eine Geborgenheitssehnsucht im Spiel. Im Räuchlein und Klima der Zigarette steckt merkwürdigerweise etwas Heimatliches, Tröstliches.

Was verlangt der zum Tode Verurteilte vor der Exekution? Eine Zigarette. Wonach giert der aus einer Lawine Geborgene nach der Rettung? Wonach greift der nervöse Jüngling in Erwartung der Angebeteten? Oder der junge Ehemann im Gang der Klinik, wo die Frau in den Wehen liegt? Es ist immer das Allerweltsfluchtmittel Zigarette, die Zigarettenlänge, die Halt oder Trost oder Fassung verspricht.

Ich denke, die Zigarette hat mit Lebensangst zu tun, darum ist der plötzliche Entzug so teuflisch, vielfach selbstzerstörerisch. Der Gnadenfristspender ist weg, doch die Angst bleibt. Plötzlich und kopfüber sollte man über seine Kräfte leben können. Eine unheimliche Wehmut ergreift und ertränkt den Abstinenzneuling, eine tiefe Mutlosigkeit. Das Problem ist nicht das Nikotin, das Problem ist die Lebensangst, die die Zigarette vernebeln hilft.

(1973)

Die schönste Landschaft auf Erden

Die schönste Landschaft auf Erden, die weibliche Hügellandschaft, deren Bewohner Eros heißt und deren Versprechen die tiefe Lust ist, die in den Schlaf mündet, den Bruder des Todes... Sie ist das Ziel der Reise und der Ursprung der Schöpfung. Alle Künstler und Dichter haben ihr gehuldigt, betört von der Schönheit. Sie hat Kriege entfesselt, Reiche gegründet, Reiche zerstört; und die Liebe erfunden, die sehend macht, aber auch blind. Grund zum Glück wie zum Unglück: Weil das Glück nie währt, sondern vergeht oder enttäuscht und zum Grab des Traums wird. Die schönste Landschaft auf Erden, die weibliche Hügellandschaft, lieblich und von ewiger Jugend, ist eine Grablandschaft. Darum wird sie Schlange geheißen, die Schöne: weil sie gefährlich ist. Schlange oder Eva, Maya, Helena, Aphrodite, Ophelia, Julia, Persephone, Eurydike, Manon, Mimi oder Marilyn – sie hat Millionen Namen in allen Sprachen und bleibt dennoch ein Rätsel. Und nun liegt sie da im Liegestuhl und hat die Augen geschlossen und tut so, als schlafe sie, während Mund und Brüste und Schenkel dich anschauen und das uralte Versprechen formen und das Wort Glück flüstern.

(1984)

Hat man je einen Künstler so gefeiert? Zur hundertsten Wiederkehr seines Todestages wartet allein schon Holland mit einem aus gut dreißig Veranstaltungen und Produktionen bestehenden Programm auf, darunter

eine für den Anlaß komponierte Oper (deren Libretto anscheinend auf den Briefwechsel der Brüder Vincent und Theo zurückgeht)

die Anpflanzung von je einem Sonnenblumen- und einem Schwertlilienfeld (in einem Botanischen Garten) – zwei emblematische Motive aus Vincents Bilderschatz *en masse et en nature*

ein Filmfestival mit 76 van-Gogh-Filmen

unter dem Titel »Hommage à van Gogh« die Anfertigung von 20 exquisiten Plakaten, bestellt bei berühmten Künstlern (von Lichtenstein bis Tàpies) etc.

und Ausstellungen...

eine davon »Energien« betitelt, die die Stars der heutigen Kreativität – vom Mailänder Designer Ettore Sottsass bis zum Deutschen Anselm Kieffer – unter Vincents Stern zusammenbringt und

eine, die van Goghs frühe Bauernbilder aus dem Milieu der »Kartoffelesser« mit entsprechenden Foto-Dokumenten aus der Epoche konfrontiert, um nur zwei der Ausstellungen hervorzuheben.

Im Zentrum natürlich die großen Retrospektiven: Im van-Gogh-Museum Amsterdam eine dem malerischen und im Kröller-Müller-Museum Otterlo eine dem graphischen Werk gewidmete: hier 135 erlesene, aus der ganzen Welt zusammengetragene Gemälde, dort 248 repräsentative Bleistift- und Federzeichnungen, Gouachen, Aquarelle. Die Vorbereitungszeit für diese Hauptveranstaltungen dauerte drei Jahre; für die Versicherung der privaten Leihgaben teilen sich 300 Versicherungsanstalten in die Garantiesumme von 20 Milliarden französischer Francs. Erstmals in der Geschichte des europäischen Ausstellungswesens muß die Eintrittskarte langfristig vorausbestellt werden, wie eine Theaterkarte, nein: wie der Termin beim Arzt oder eine Audienz beim Papst.

Als die Kunde von Tolstois Tod im zaristischen Rußland umging, liefen die Schüler aus den Schulen und die Angestellten aus den Kontoren, alle liefen sie auf die Straße, es war wie bei einer Naturkatastrophe, das Leben stand still. Beim Begräbnis von Sartre waren Hunderttausende unterwegs zum Friedhof von Montparnasse, Leute aus allen Volksschichten. Als Vincent van Gogh begraben wurde, war eine Handvoll Leidtragender dabei, der Bruder Theo, der Arzt Gachet, der Malerfreund Emile Bernard und ein paar Bekannte aus Auvers, so der Gastwirt Ravoux, um dem Selbstmörder das letzte Geleit zu geben.
Vincent war siebenunddreißig Jahre alt geworden, er hatte zu Lebzeiten ein einziges Bild zu 40 Francs (heutiger Wert ca. 1000 Francs) verkauft. Am 12. November 1987 jedoch wurde bei Sotheby's ein Blumenbild aus der Zeit seines Aufenthalts in der Irrenanstalt bei St. Rémy als das höchstbezahlte Bild aller Zeiten: für 320 Millionen Francs einem australischen Samm-

ler zugeschlagen. In knapp hundert Jahren eine Wertsteigerung um 32 Millionen Prozent.
Im Falle von Tolstoi und Sartre galten die Volksbewegungen einer weithin strahlenden väterlichen Autorität, einem Gewissen der Nation, einer geheimen »Gegenregierung«. In Vincents Fall hingegen gelten die in millionenhohen Kunsthandelspreisen, vielsprachigen Literaturen, Hagiographien und Festivals ausgedrückten Ovationen (um von der weiteren Vermarktungsindustrie gar nicht zu sprechen) einem postumen Phänomen: einer Auferstehungsparabel oder schlicht einem Mythos.

Zu diesem Mythos hat van Goghs Lebensgeschichte nicht wenig beigetragen, sie liefert zahlreiche exemplarische Elemente, sie ist ein tragischer Künstlerroman.
Da ist das Element des Außenseiters, ja des Ausgestoßenen der Gesellschaft, des Verlorenen Sohnes.
Ehe er Künstler wurde, ist van Gogh bekanntlich in verschiedenen Anläufen zu einer bürgerlichen, zuletzt einer Prediger-Existenz gescheitert. Er ist, als er mit siebenundzwanzig Jahren zu zeichnen beginnt, in den Augen seiner Familie ein Lebensuntauglicher, ein Nichtsnutz. In einer extremen Isolation beginnt er mit dem Abschildern seiner Umwelt, um so einen letzten Zugang zu den Mitmenschen, wenn nicht zum Leben überhaupt offenzuhalten. Der Anfänger ist kein geborener Künstler, er ist ein Genie der Menschenliebe. Die Lehrjahre sind heroisch. Entsagung, Einsamkeit, Opfermut: *Ringen* unter Lebenseinsatz sind die Stichworte für diesen holländischen Kaspar

Hauser der Kunst, der stammelnd oder eben bei Null beginnend *vor dem Modell* seiner Auffassung von Wirklichkeit – es handelt sich um eine Arme-Leute-Realität hauptsächlich des städtischen Abschaums und dann der in tierischen Verhältnissen schuftenden quasi erdgebundenen Landarbeiter – in »barbarischen« Zeichnungen und in einer Art Höhlenmalerei künstlerisches Leben einzuhauchen versucht. Der hinterwäldlerische Autodidakt gelangt auf einem langen Marsch nach Paris und damit ins Zentrum der Moderne, er kommt im buchstäblichen Sinne des Wortes ans Licht: als Höhlenmensch zum Vorschein und gleich ins Gespräch mit den damaligen Avantgardisten, den Impressionisten und Neoimpressionisten, aber auch Gauguin, Cézanne, Toulouse-Lautrec; als Maler zur Aufhellung der Palette und zur Farbe. Lichthungrig zieht er südwärts, um in Arles und danach in St. Rémy innerhalb von drei Jahren jenes Werk aus sich herauszuschleudern, das hundert Jahre später ganze Völkerwanderungen von Kunstpilgern in Bewegung setzt.

Er wird in Südfrankreich zum ekstatischen Verkündigungskünstler, doch geht der künstlerische Sieg auf Kosten der physischen und mentalen Gesundheit. Vincent wird ins Irrenhaus eingeliefert, also wiederum von der Gesellschaft ausgestoßen. Zwar schafft er als Internierter zwischen den Schüben ungebrochen weiter, doch nach seiner Entlassung kehrt er sich von dem provenzalischen Sonnenkult ab und macht sich nordwärts auf den Rückweg. In Auvers-sur-Oise in der Nähe von Paris, wo er unter der Aufsicht eines mäzenatischen Arztes die Reintegration

ins Dasein der »Gesunden« versuchen soll, setzt er mitten im Schaffen seinem Leben ein Ende. Es gibt viele Deutungen für diesen Akt, es steckt auch ein Selbstbestrafungsgestus dahinter.
Zu den mythenbildenden Elementen seines Künstlerromans gehört weiterhin Vincents Unglück bei den Frauen und die daraus folgende quasi-mönchische Klausur; gehört aber auch das symbiotisch-nahe Verhältnis zum Bruder Theo, der ihn lebenslang unterstützt und ihm sechs Monate nach dem Selbstmord im Tode nachfolgt. Es gehört hierher der Aspekt des Märtyrers, des Werk-Besessenen, der sich für seine Mission hinopfert und, zieht man das eminent Brüderliche seiner menschlichen Statur und des Kunstwollens in Betracht, postum zum Heiligen avanciert. Doch ist dieser Heilige, den nie eine Frau erhört und an den mit Ausnahme des Bruders zu Lebzeiten niemand wirklich geglaubt hat, auch ein Rebell: gegen die Kirche, gegen den Kunsthandel, gegen Kapitalismus – als Radikalist ein »Gläubiger in seinem Unglauben«. Es gehört dazu das Signum der Authentizität: alles ist mit dem Leben bezahlt.
Um vorläufig noch von den Bildern abzusehen: van Goghs Lebensroman enthält viele mythenfreundliche Angebote, doch genügen sie immer noch nicht, um das lawinenartige Anwachsen von Nachruhm und Popularität zu begründen. Es müssen noch andere Elemente wirksam sein.
Der Geniekult: Das Bild vom Auserwählten, in dem die Berufung zu Höherem sich mitten in einer sozialen Wüste vulkanartig Bahn bricht in genialen Eruptionen, die einerseits wahre Atomwerke von Energien

für die Mit- beziehungsweise Nachwelt freilegen, andererseits die sterbliche Hülle dieser Vorgänge in den Irrsinn treiben und überhaupt verbrennen. Zum Geniebild gehört das Verkanntsein zu Lebzeiten und die Wiedergutmachung nach dem Tode.

Möglicherweise gehört auch das Bild vom Frühverstorbenen in den Zusammenhang.

Historisch gesehen hat sich Vincents Nachruhm übrigens schon zwei Jahre nach seinem Tode zu profilieren begonnen. Die ersten Retrospektiven finden 1892 in Paris und Amsterdam statt (womit auch die Diskussion um die Streitfrage, ob er als französischer oder holländischer Künstler zu reklamieren sei, in Gang kommt). Ruhm und Legende greifen von 1901 an nach Deutschland über und dann immer weiter: weltweit. 1935 ist Vincent van Gogh im Modern Art Museum New York definitiv als ein Stammvater der Moderne etabliert, denn inzwischen ist ihm der Stempel des Avantgardisten par excellence aufgedrückt worden – eine ganze Reihe von Kunstbewegungen, darunter die französischen Fauves und die deutschen Expressionisten, leiten sich von ihm her.

Zum Geniebegriff, insbesondere zum Phänomen »Genie und Irrsinn« wäre nachzutragen: die van-Gogh-Literatur hat bekanntlich mit allen möglichen Diagnosen von der Schizophrenie bis zur Syphilis spekuliert und immer wieder auf die Epilepsie verwiesen, wohl darum, weil diese Krankheit in Vincents Familie verbreitet war. Einer der neuesten Beiträge zum Phänomen von van Goghs Verrücktheit stammt von einem amerikanischen Chemiker, der 1988 im Absynth aromatische chemische Substanzen nachweist, die Erregungszustände und Konvulsionen verursachen können. Auch die Zeder, das Thujagewächs und der Kampher enthalten (nach den Untersuchungen des Amerikaners) Absynth und außerdem noch andere, vor allem Halluzinationen erregende Substanzen, die man ebenfalls im Terpentinöl und – in der Zypresse! vorfinde. Alldas gehörte zu Vincents Alltag.

Van Gogh ein Drogenkranker? Es geht hier nicht um die Banalisierung seines Leidens, sondern um eine Bereicherung der Kenntnisse seiner Lebensumstände in Arles, in welchen Unterernährung, Alkohol und Tabak ebenso wie die sengende Sonne und der Mistral auf die von einer schöpferischen Raserei ohnegleichen gepeitschten Nerven und Sinne einwirken. Nimmt man an, daß außerdem die Utensilien und selbst die Pflanzen seines näheren Umgangs, darunter der Lieblingsbaum Zypresse, drogenartige Wirkstoffe absondern mochten (Vincent pflegte z. B. als Mittel gegen Schlaflosigkeit seine Matratze mit Kampher zu stopfen; auch ist bekannt, daß er bei einem Selbstmordversuch Terpentin aus der Flasche trank), dann wird zwar nicht das Leiden erklärt, es erscheinen jedoch z. B. die sogenannten Anfälle in einem anderen Licht. Vor allem erscheint die *Optik*, van Goghs künstlerische Erlebnis- und Arbeitsweise, die man auch schon mit einer Optik unter Drogeneinfluß verglichen hat, um einiges verständlicher. Aldous Huxley setzt in seinen Berichten über Erfahrungen mit Meskalin die Veränderung der Optik mit derjenigen van Goghs aus seiner Zeit in Arles in Beziehung. Vincent selber schreibt in einem Briefpassus über seine

Arbeitsweise: »... dann überkommt mich eine so schreckliche Hellseherei, ... dann fühle ich mich nicht mehr, und das Gemälde kommt mir wie im Traume.« Der dazugehörige Geisteszustand hat zweifellos mit halluzinatorischen Erregungsintensitäten und die daraus hervorgehende Pinselschrift, die kalligraphische Maske, hat auch mit Zen und mit fernöstlichen meditativen Praktiken zu tun. Und dies alles könnte neben vielem anderen auch beigetragen haben zu der heute mehr als phänomenalen Popularität des Künstlers. Sind darum diese Bilder zu einer Droge geworden.

Spricht man im Zusammenhang mit Kunst von einer halluzinatorischen Hervorbringungsweise, dann meint man Exaltation in ihrem höchstmöglichen, schon fast delirierenden Ausschlag: Ekstase. Und van Goghs Naturanschauung in Arles und St. Rémy ist eine ekstatische Sicht der Dinge. Sein Medium der Annäherung an den künstlerischen Gegenstand oder Vorwand ist eine außerordentliche Fähigkeit der Anteilnahme, mehr: der Hineinversetzung bis zum Grade der Identifikation und Selbstverschleuderung. Und sein Strich gibt die leidenschaftliche Beteiligung ja auch wieder. Van Goghs (zeichnerischer) Pinselstrich lebt das körperhafte Modellieren, dieses *Lebengeben,* im Bilde greifbar vor bis zu Zuckung und Verzerrung; gleichzeitig teilt er sich als Niederschlag der künstlerischen Passion, als Pulsschlag des malenden Subjekts, als Psychogramm (seiner Vereinzelung, Einsamkeit wie des Verschmelzungssehnens) mit. Vincents Strich als Ausdruck schöpferischen Atems:

er greift gegen Ende seines Lebens von den irdischen Erscheinungen über in den Himmel und das gestirnte Firmament: in kosmischen Schwingungen in den universellen Zusammenhang. Eine ekstatische Vision des Daseins als Existenz von Gottes Gnaden.

Beides gehört zur Kunst des im Süden zur größten Souveränität befreiten Nordländers, das Ekstatische wie das Luzide. Das Einigende ist die Schöpfungsthematik in mehrfachem Sinne, jedoch auch im Sinne eines wahren Sonnenkults: »Leute, die nicht an die Sonne glauben, sind fast Gottlose«, schreibt er in einem Brief. Van Gogh ein religiöser Maler?

Zwar hat sich der gescheiterte Prediger von der Kirche als Institution sehr bald abgewandt, doch nie von Christus. »Christus allein hat als fundamentale Gewißheit das ewige Leben, die Unendlichkeit der Zeit, die Nichtigkeit des Todes, die Notwendigkeit und die Berechtigung heiterer Gelassenheit und der Aufopferung bekräftigt... Dieser unerhörte und mit dem abgestumpfen Instrument unserer nervösen und abgestumpften modernen Gehirne kaum faßbare Künstler schuf keine Statuen, keine Gemälde... Er bekräftigt es laut, er machte... *lebendige* Menschen, Unsterbliche... Dieser große Künstler hat auch keine Bücher gemacht. Die christliche Literatur würde ihn als Ganzes sicher empören... Wenn es aber auch dieser große Künstler – Christus – verschmähte, über Ideen und Eindrücke Bücher zu schreiben, so hat er doch das gesprochene Wort, das *Gleichnis* vor allem, nicht verschmäht (der »Sämann«! die »Ernte«! der »Feigenbaum«! usw.)... Diese gesprochenen Worte... sind einer der höchsten, ja der höchste von der Kunst erreichte Gipfel, die hier zur schöpferischen Kraft, zur reinen schöpferischen Macht wird... Sie lassen uns die Kunst, das Leben zu gestalten, ahnen, die Kunst, unsterblich-lebendig zu sein.«

Daß in Vincents Bildern die christliche Verkündigung – nicht nur bei den auf die biblischen Gleichnisse anspielenden Motiven – immer mitgedacht und vor allem mit*erlebt* ist, steht außer Zweifel. Vincent bleibt ein in die Kunst abgetriebener Christusjünger und Bekehrungsprediger, wenn er auch die Kunst revolutioniert und auf einen Gipfel geführt hat. Und auch dieses Element dürfte für seine Popularität von Bedeutung sein.

Doch trifft und mischt sich in seinem Falle das Moment des »religiösen« Künstlers mit einer von grundauf brüderlichen, geradezu franziskanischen Anlage der Nächstenliebe und entsprechenden Vorstellungen von sozialem Nutzbringen. Er hat sich ja auch immer als ein »Maler aus dem Volk für das Volk« verstanden und bis zuletzt mit seiner Kunst trösten wollen; wie er auch immer von einer Bruderschaft der Künstler, einer Art Ordensgemeinschaft, geträumt hat.

Da er selber nicht zu leben verstand, weil er in der gegebenen Gesellschaft überall anstieß und darum ausgeschlossen blieb, lief er mit seiner Malerei hinter den Menschen her, den einfachen vor allem, um ihnen das in seiner Kunst geerntete Leben, seine Verzükkungen vor der Natur, aber auch seine Erschütterungen und seine »Erinnerungen« an die Ewigkeit, dies vor allem, nachzutragen. Darum, schreibt er noch zuletzt in einem Brief, »möchte ich immer an solchen Volksbildern malen, selbst wenn sie grell herausschreien ... Kalenderbildchen, Bildchen alter Bauernkalender machen, auf denen Hagel, Schnee, Regen, schönes Wetter in einer ganz primitiven Art dargestellt sind«. Doch sagt er auch »Und im Gemälde möchte ich eine Sache sagen, tröstlich wie Musik. Ich möchte Männer und Frauen malen mit dieser Ewigkeit, deren Zeichen der himmlische Schein war und die wir in dem Strahlen suchen, in dem Beben unserer Farben ...«

Ist der »Maler aus dem Volk für das Volk« hundert Jahre nach seinem Tode nicht nur beim Volk, sondern gewissermaßen bei allen Völkern der Erde angekommen?

Bei Vincent van Gogh, denke ich, bündeln sich die verschiedensten »Aufträge«, die die Kunst im Verlauf der Zeiten je übernommen, und eine Menge Rollen, die der Künstler in der Gesellschaft je zugewiesen bekommen oder vorgelebt hat, in *einer* legendären Person und *einem* genialen Werk:

diejenige des Sehers, Lehrers, Lebenshelfers, des Erkenntnis-, Wahrheitssuchers und Mystikers; des Erweckungspredigers, Befeuerers, Beatmers; des Naturgläubigen, ja geradezu Naturheilkundigen; des demütigen Laienbruders franziskanischen Geistes und des blitzeschleudernden Erleuchteten, Offenbarungs- und Verkündigungskünstlers; des Traditionalisten und Neuerers; des Rebellen, artiste maudit, Revolutionärs; des Streiters für die Unterprivilegierten und eine bessere Welt, des moralischen Anstifters; des landschaftlichen Entdeckungsreisenden und kosmischen Ekstatikers, des Künstler-Existenzialisten; des wirklichkeitshungrigen und schönheitssüchtigen Individualisten, Naiven und Intellektuellen in einem; des Universalisten und Magiers, auch Psychographen; Inbegriffs schöpferischer Potenz und geistiger Luzidität... Rollen und Aufträge, die wohl definitiv der Vergangenheit angehören. Denn die genannten Funktionen wird ein Künstler so nie wieder in sich vereinigen, diese humane Bedeutung nie wieder erlangen können.

Die ganze Helden- und Heiligenverehrung, der Tanz um das goldene Kalb sowie die als schiere Unbezahlbarkeit ausgedrückte »Wertschätzung« seines Werks dürften in Wirklichkeit einem Phantom, d. h. einer monumentalen Projektion »zurück« und Nostalgie, weniger dem armen Maler Vincent gelten. Die Festmusik zur hundertsten Wiederkehr seines Todestags ist Abschiedsmusik. Verabschiedet wird mit der Hysterie um Vincent van Gogh ein Säculum und mehr: ein Zeitalter. Was kommt danach? Das Getöse übertönt symphonisch bis kakophonisch nicht nur die Leere im Gefolge eines unabschätzbaren Verlustes, sondern auch die Schrecken angesichts einer Zukunft, die schrecklich begonnen hat.

(1990)

III

Unerhört, wenn einer nicht mehr und nicht weniger als »das Leben« zeigen will in seinen Filmen. Von Fellini läßt sich das sagen, und es ist ein Zeichen dafür, daß er zum anspruchsvollen Schlage der Dichter und Poeten gehört. Wo aber sollte ein Dichter »das Leben« aufsuchen, herholen und wieder ansiedeln, wenn nicht dort, wo er es erstmals mit den fürchterlich empfindsamen Augen der frühen Zeit erlebt und erfahren hat?

Diese Feststellung trifft auf eine ganze Reihe von Fellini-Filmen zu, doch ganz besonders auf seinen letzten, der das Erinnern und damit die Suche nach der frühen Zeit programmatisch im Titel führt: »Amarcord« (das Wort ist eine Dialektwendung von Io mi ricordo, Ich erinnere mich).

Eine Beschwörung vom ortsgebundenen Leben der eigenen Jugendzeit, eine autobiographisch getönte Chronik von Rimini ist der Film auch geworden. Er spielt zur Zeit der faschistischen Machtergreifung, in einem für Fellinis künstlerische Zwecke eigens hergerichteten (rekonstruierten) »damaligen« Kulissen-Rimini. Er spielt in Fellinis Kindheits-Rimini – wie schon der Film »Fellini-Roma« nicht *das* Rom, sondern Fellinis Rom meinte.

In »Amarcord« nimmt er Kontakt auf mit seiner Herkunft. Er ist seit langem zu seinen Quellen unterwegs, was nicht mit Nostalgie zu verwechseln ist – konsequent ist er es seit »Otto e mezzo« (Achteinhalb). Aber das frühe Leben (und Treten) »am Ort«, das sehnsüchtige Herangedeihen im Kindheits- und Jugendgefängnis der Vaterstadt ist schon 1953 in den »Vitelloni« Thema oder doch Nebenthema.

In »Amarcord« geht es also um eine seelengräberische, nach den Inbildern tastende Beschwörung, um Wiederherstellung der Frühe. (Es ist übrigens darum nur einleuchtend, wenn Fellini nicht auf den heutigen Straßen und Plätzen Riminis, nicht »draußen«, sondern »drinnen« in einem rekonstruierten »Ausgräber«-Rimini im Studio filmte.) Daraus ist ein Episodenfilm geworden ohne eigentliche Handlung und Faden, es sei denn, man nenne den Zyklus der Jahreszeiten einen Faden – es beginnt mit dem festlichen Austreiben des Winters und mit erstem Frühlingswehen, und es endet wieder im Frühling. Doch wichtiger als der zeitlich-logische Ablauf sind die mit den Augen des Kindes und Jünglings gesetzten Lebens*schwerpunkte*.

Solche Schwerpunkte sind etwa »Schule und Elternhaus«. Beide zählen sie zum autoritären Lebensbereich, und da Autorität dem Zögling sowohl furchterregend wie lächerlich vorkommt, haben die betreffenden Szenen einen humoristisch-phantastischen Einschlag. Schule und Elternhaus gehören natürlich nicht ausschließlich der patriarchalischen Sphäre an: so kommen einerseits die weiteren Familienmitglieder, Geschwister, Großvater, Onkel und Magd, im Zentrum die Mutter, andererseits die Kameraden und vor allem die Lehrerinnen, Mitschülerinnen dazu und damit das für den pubertierenden Jungen aufregende Thema der Weiblichkeiten. Diesem letzteren ist in »Amarcord« wie in den meisten Fellini-Filmen breiter Raum gewährt. Da ist die monströse Tabakhändlerin und die schöne Friseuse Gradisca, und da ist eine närrische, leicht debile, »läufige« Nymphomanin, die man »die Wölfin« heißt. Und da sind die Huren. Gradisca und »die Wölfin« sind zwei gegensätzliche Vertreterinnen der Dorfschönen, und beide zusammen mit der Tabakhändlerin und weiteren weiblichen Wesen sind immerwährende Herausforderungen für das im Erotischen hochentzündliche Hirn der halbwüchsigen Jungen. All diese Figuren, erweitert durch Lokalgrößen, Typen und Käuze verschiedenster Art, bilden das Personenregister der frühen Jahre.

Zu den Schwerpunkten gehören neben den Figuren einige Lokalitäten von Bedeutung, so das träumespendende Kino und das traumhaft weiß schimmernde Grandhotel, beides reichbefrachtete Anstöße für die gierige Phantasie, zudem Knotenpunkte unerhörter Begegnung; gehören ferner Ereignisse, solche immerwiederkehrender – kalendarischer – Art wie die Feste und solche, die regelrechte Einbrüche, Schicksalseinbrüche, bedeuten wie Tod und Begräbnis der Mutter und Aufmarsch und Massenkundgebung der machtergreifenden Faschisten – in diesem Falle wirft die Weltgeschichte ihren großen Schatten auf den kleinen Ort. Es gehören dazu sehnsuchterregende Begegnungen mit einer unerreichbar fernen großen Welt wie dem Ozeanriesen »Rex«, Begegnungen, die die Qualität von Wundern erreichen; und es gehören dazu Wunder naturhafter Art, die die Kraft von Offenbarungen ausstrahlen: der Schnee und das

Samentreiben, der durch den Flockenfall fliegende Pfau und das aus dem Nebel geborene weiße Rind auf dem Schulweg. Und immer der Meeresstrand. Das Meer.

In all diese Gegebenheiten ist der junge »Titta« (der aus verschiedenen Kindheitsaltern die Perspektive setzt und die Optik prägt) innerhalb der geschlossenen Welt seiner Vaterstadt unschuldig verstrickt. Sie werden sich eines Tages als der »Stoff« erweisen, aus welchem ein Federico-Titta gemacht ist.

Doch wichtiger als jede inhaltliche Bestandsaufnahme ist die Frage, wie aus all diesen Materialien das Bild des »Lebens« gewonnen (und gesponnen) werde. Das formale Prinzip ist, typisch Fellini, musikalisch-rhythmischer Art. Die szenische Abfolge oder besser: die Bilderfolge gehorcht vage der Vorstellung eines Reigens, der von der Musik angeführt, weitergetrieben, der im Grunde buchstäblich aus der Musik geboren wird. Aus einer viel- bisweilen mißtönigen, mit traurig-schönen, wehmütigen Melodien durchsetzten, insgesamt aber unerbittlichen »Musik des Lebens«, die den Jahrmarkt des Lebens meint. Es ist die Musik, die die Bilderflut erzeugt und die Bilder in leitmotivischer Technik ineinander verflicht – ungefähr so, wie sich in der Strömung des Flusses Teiche bilden, die ineinander übergleiten. Die Musik ist die Treibkraft, sie ist aber auch das Bleibende, wenn die schönen Illusionen verlöscht sind – gewissermaßen: »das Lied überm Land«. Sie ist der Erinnerungsmotor.

Ein musikalisches Leitmotiv stiftet der Akkordeonspieler, ein blinder Krüppel, der seine wunderbare, hinreißende Weise buchstäblich unter (konvulsivischen) Zuckungen ausstößt. Dieser blinde Spielmann ist eine Art *Lebensspielleiter.* Er erscheint am Rande immer dann, wenn Leute des Städtchens sich zum Feste versammeln – am schönsten bei der Hochzeit von Gradisca, einer Festgesellschaft unter freiem Himmel am Meer, die den Schlußpunkt setzt. Er verleiht dem, was alle fühlen, *Töne,* und mit seinen Tönen und Weisen spielt er auf den Seelen der Versammelten.

Die Funktion der Musik kann dort am besten erkannt werden, wo sie in Fellinis Filmen jeweils einsetzt: an den Anfängen oder nach der Stille. Fellinis Filme beginnen nämlich meist in der Stille, das heißt tonlos oder höchstens: mit einer Art Zeitrauschen. »Amarcord« beginnt mit dem Samentreiben. Es sind die (wattebauschkleinen) Samen der Pappeln, die jeweils im März wie aus dem Nichts über der Stadt erscheinen und in Richtung Meer ziehen: ein Samenschneewunder, eine Himmelserscheinung. Sie deuten den unabsehbaren Raum an, sie markieren eine Überzeit oder Ewigkeit, und indem sie ins Städtchen einschweben und die Menschen bezaubern, lassen sie den Ort als lächerlich kleines Gebilde von Menschenhand, vor allem aber als *Ausschnitt* ahnen. Wir fahren also mit Fellini gleichsam aus einer himmlischen Unendlichkeit auf das Erdenplätzchen namens Rimini ein, das nun für eine Weile die Bühne seltsamen Geschehens abgeben wird. Erst dann setzt die Musik ein, deren erste Takte uns schon mit dem Fellini eigenen vergänglichkeitstrunkenen wehmütigen Lebensgefühl durchstimmen – einer Musik, die uns präparieren soll. Man könnte daraufhin alle fellinischen Filmanfänge untersuchen und käme auf immer das gleiche. Im Film »La dolce vita« (Das süße Leben) ist es das von einem Helikopter eingeflogene Kruzifix, das seinen Schatten über die Häuser Roms wirft und die Leute zum Aufschauen veranlaßt: mondäne Badenixen auf Dachterrassen und auch schon den im Zentrum stehenden Klatschspaltenkolumnisten – man sieht sie aus der Luft, wie sie dem himmlischen Boten zuwinken.

Die Filme Fellinis beginnen vor einem Plan der Ewigkeit (sub specie aeternitatis), und dieser *Maßstab* stempelt den Schauplatz des Geschehens zur rührend kleinen Menschenbühne und Lebensarena. Auch das »woher wir kommen, wohin wir gehen«, die Frage nach dem Sinn oder Rätsel des Erdenlebens, wird auf diese Weise unausgesprochen aufgeworfen. Das heißt: Leben, Menschenleben, wird als *Episode* deklariert, die zwar nichtig, wenn nicht überhaupt nur ein Wahn, doch gerade darum auch *wunderbar* ist. Diesem Doppelaspekt leiht die Musik von ihrem Einsetzen an gefühlvollen Ausdruck.

Zum formalen Prinzip gehören demnach Anfangs- und Endelosigkeit, gehört das betont Ausschnitthafte und locker Episodische auf dem Förderband einer treibenden Musik, gehören ferner das Anblenden, das Phänomen Blendung, gehört ein ganz spezifischer Umgang mit dem Licht. Dem Licht kommt bei Fellini fast ebenso große Bedeutung zu wie der Musik. Mit den Mitteln des Lichts verwandelt er seine Weltbühne in archetypische Lebenslandschaften und Seelenlandschaften; in allen möglichen Stufen von Verdämmern, Erschimmern, Ergrauen und Erleuchten wird Realität ins Wunderbare, bisweilen Überirdische, auch in die Sphäre des Traums versetzt. Und mit dem Mittel eines blendenden Scheins, der den Vorhang der Trübnis aufreißt und die Menschen als Geblendete zurückläßt, führt er die von ihm angestrebten – mirakulösen – *Eingriffe mit Offenbarungscharakter* herbei.

Wirklichkeit ist für Fellini eine autonom sich ereignende übermächtige Größe, die die Menschen treibt und betreibt und deren Instanzen unbekannt bleiben; ein Mahlstrom; ein Wind, der willkürlich die Blätter wendet. Die Menschen sind die Irrenden; Masken im Maskentreiben. Sie sind Opfer einer selbstherrlichen Schöpfung. Aber sie sind auch, in seltenen Momenten, die Geblendeten, die Wunder und Offenbarungen schauen. Auf diese verheißungsvollen Zustände kommt es an.

In seinen frühen Filmen, bis zu »Otto e mezzo« (achteinhalb), werden solche Zustände – einer Erleuchtung – radikal immer erst im Akt des existentiellen Zusammenbruchs eines Einzelnen erreicht. Der Getriebene wird von seinem eigenen Leben eingekreist und gestellt. Er wird aus dem Mahlstrom ausgeworfen, nun stürzt er in sich selbst. Der Sturz kann die Wende, kann Aufbruch, Rettung, Menschwerdung verheißen. Doch vordem ist's Wanderschaft, Irrfahrt. Da ist der Kettensprenger und Jahrmarktfahrer «Zampanò« (in »La strada«), der auf seinem heroischen Schaustellergefährt von Ort zu Ort rattert, eine Spur von Selbstherrlichkeit, Roheit und Gewalt hinter sich lassend. Aber enden wird die Fahrt in winterlicher Einöde, in der absoluten Verlassenheit, wo der starke Mann sich am Boden windet und brüllt wie ein Tier. Er ist in die eigene Falle geraten, jetzt ist er gezwungen, sich ins schäbige schuldige Angesicht zu schauen. Da ist Marcello, der Skandalreporter in »La dolce vita« (Das süße Leben), der abgestumpft, in der oberflächlichen Hektik seines Berufs, zu entmenschen droht. Er lebt besinnungslos dahin in all dem Lust- und Reizangebot des süßen Lebens, immer hinter den Frauen her, ein Lebensschwächling – bis er nach einer orgiastischen Nachtparty im Morgengrauen am Meeresufer buchstäblich »strandet«. Die Fischer zerren ein Ungetüm an Land, ein dumpfäugiges Monster, in dem er die Ausgeburt eigener Sinnlosigkeit erkennt. Jetzt ist *er* an der Angel (der Erschütterung).

Die Lebenslandschaften, die Fellinis Irrfahrer durchmessen, sind grundsätzlich in einer ambivalenten oder polyvalenten Optik gesehen. Sie sind sowohl herrlich wie trostlos, sie sind vor allem schillernd und phantastisch, wunderlich. Sie bieten – dies eine weitere Konstante – immer auch Massenszenen an, die mit festlichem Tumult beginnen und in kollektiven Wahnsinn umschlagen; in »La strada« wird das Provinzpublikum eines Seiltänzers zum kochenden Menschenkessel; in »La dolce vita« mutieren die Menschenmassen, die einer Wunderheilung zuströmen, zu einer menschlichen Lava, die alles und noch sich selbst verschlingt; und im selben Film nimmt eine nächtliche Party der High-Society die Züge eines Hexensabbats, einer Walpurgisnacht an.

Solche Szenen verkörpern in der Übersteigerung zum

katastrophalen Gigantismus das gleiche Thema menschlicher Verblendung, das immer schon im Umriß des einzelnen »Helden« angelegt und überhaupt bei Fellini allgegenwärtig ist. Es kommt auch im *Karneval* zum Ausdruck, im Maskentreiben, das zu Fellinis Lieblingsmetaphern zählt und seine ambivalente Einstellung zum »Fest des Lebens« beleuchtet. Karneval und Maskentreiben bedeuten sowohl Überhöhung des Daseins wie auch Entfremdung, und beides korrespondiert untergründig mit Traum und Totentanz. Auch die Tagedieberei der »Vitelloni« – einer der Höhepunkte in Fellinis Werk – mündet in Karnevalstreiben. »Vitelloni« spielt in Rimini und ist in mancher Hinsicht ein Vorläufer von »Amarcord«. Die jungen Nichtsnutze, die nichts weiter anstreben als eine Hinausschiebung des unvermeidlichen »Lebensernstes« (eine Verlängerung der Galgenfrist, bevor sie in die Ehen geprügelt werden), leben in einer engbegrenzten Figuration »an Ort«. Sie leben da in einer aus Sehnsüchten und Illusionen genährten Vorläufigkeit (Uneigentlichkeit) auf Kosten anderer – der Mütter, Schwestern und Väter –, und so ist für sie der Maskenball im Grunde nur eine Steigerung ihrer Scheinexistenz und normalen Maskerade. Es ist ergreifend anzusehen, wie Moraldo, der jüngste der Vitelloni, mitten im Karnevalstrubel seine Maske ablegt, den Reigen sprengt und zu seinem Aufbruch erwacht. Er besteigt eines frühen Morgens in aller Stille den Zug.

Frühe Filme wie die »Vitelloni«, »La Strada« – »Il Bidone« und »Notti die Cabiria« nicht zu vergessen – besitzen, obwohl sie *außen* aufgenommen und gedreht, also mit verhältnismäßig realistischen Mitteln gemacht sind, einen unverkennbar *parabolischen, ja allegorischen* Einschlag aus *katholischer* (und damit barocker) Sicht. Die Wirklichkeitsauffassung Fellinis hat demnach neben der existentialistischen auch eine »theologische« christliche Dimension. Das ändert sich mit dem Film »Otto e mezzo«. An die Stelle der Allegorie tritt die *Autobiographie;* und die Parabel von der Irrfahrt durch die Lebenslandschaft (mit der heilsamen Krisis zum Schluß) wird abgelöst durch eine Reise ins Unterbewußte, durch Seelenwanderung, Tiefenpsychologie. In »Otto e mezzo« findet der Zusammenbruch des »Helden« gleich zu Anfang statt, alles Folgende im Film beschäftigt sich mit Heilung und damit dem Ich (einem autobiographischen Ich); mit Selbstbegegnung, Selbstfindung und eben – mit Unterbewußtseinsausgräberei.

Die Expedition hinab zu den eigenen Tiefen fördert ein reiches Fundgut zutage: es ist die aus der frühen Zeit bewahrte archetypische Gestalten-, die inbildliche Welt. Der autobiographische Stoff Fellinis in seinen Präfigurationen ist es, der frei zu werden beginnt.

»Otto e mezzo« beschreibt das Auftauchen der ersten Erinnerungsarchipele. Es erstehen die in Inbildern erfaßten Mütter (im Badehaus); die Präfiguration der Wölfin aus »Amarcord« taucht schon auf in Gestalt einer Strandhure; das Zuchtinstitut der Kleinkinderschule mit den Nonnenwärterinnen – insgesamt ein Reigen legendärer Gestalten. Fellini entläßt sie zum Schluß des Films in die Manege eines Zirkuszelts. Er führt seine Geschöpfe im Reigen an. Auch Clowns laufen mit. Der zirkustolle, traurig-schöne Reigen in der Manege ist Metapher und Signal für die neuerworbene künstlerische Souveränität. Die Manege aber verbildlicht den magischen Kreis – der (aufgedeckten und entfesselten) *Innenwelt.*

Die Clowns kommen schon lange vor bei Fellini, sie sind vielleicht sogar Schlüsselfiguren. »Gelsomina«, die arme Begleiterin des Kettensprengers »Zampanò«, die dessen Auftritte mit ungeschicktem Trommeln ansagt, ist zum Beispiel ein Clown. Was bedeutet ihm der Clown? Clowns sind wie Kinder, sie sind Gebieter über eine mächtige eigene Welt (der Einbildung), sie sind ganz sie selber und in ihrem Ganzsein unschuldig. Da sie keine Möglichkeit haben, sich selbst zu reflektieren, sind sie in ihrer Eigentümlichkeit schutzlos ausgestellt und leichte Opfer für das Gespött. Das macht sie zu traurigen Spaßmachern. Sie sind Randfiguren, harmlos schon dadurch, daß sie an den Interessen der Normalen und Erwachsenen nicht partizipieren. So sind sie fast so etwas wie Engel, die mit der sprichwörtlichen Reinheit des Toren nicht nur unterhalten und bezaubern, sondern auch richten: an ihnen mißt und entlarvt sich die Wirklichkeit.

Seinen Clownsfilm hat Fellini im Auftrag des italienischen Fernsehens gedreht. Der Film sollte eine Reportage werden, resultiert hat aber ein Streifen, in welchem die Realität der amtierenden und der großen überlebenden Clowns (die Fellini aufgesucht und interviewt hat) eindeutig in den Hintergrund tritt gegenüber der von ihm selber aus Kindheitsstoffen errichteten Fellini-(Clowns-)Welt. Ist Fellini an der

Außenwelt gescheitert? Oder hat die übermächtige Innenwelt alles andere verschlungen?
Der Film mischt die beiden Realitäten. Er zeigt den Regisseur mit seinem Team auf Clownssuche und bei Clownsbesuchen; auf dieser Ebene behandelt er die Wirklichkeit – zum Schein – dokumentarisch. Doch kommt sie nicht auf gegen die andere, autobiographisch-imaginäre Ebene. Es beginnt wie ein Bild aus einer uralten Ballade. Das Bild zeigt das nächtliche Schlafkämmerlein des kleinen Kindes (das ganz leise auch ein Straf- und Bußkämmerlein ist). Das Kind erwacht, aufgeweckt durch rhythmische Männerrufe, es schiebt den Stuhl ans Fenster, klettert hinauf und sieht, wie draußen das Zirkuszelt emporwächst. Der Zirkus ist da, wunderbar aus der Nacht geboren; doch die erste Begegnung mit einem Clown impft ihm Furcht ein – wie das Kind alle Lebensclowns immer schon in Schrecken versetzt haben, und darunter versteht Fellini nun alle möglichen Typen aus dem kleinkindlichen Welttheater: die Zwergnonne wie den popanzhaften Bahnhofsvorstand, seltsame Kutscher wie die Dorftrottel und Krüppel. Die Monster haben Vorrang vor den Augusten, der Clownsbegriff erscheint entsprechend erweitert, aber für Fellini ist der Zirkus ohnehin ein Lebensbegriff. Er nimmt das Auftragsthema zum Sprungbrett, um die in »Otto e mezzo« begonnene Seelenwanderung und Ausgräberei fortzusetzen. Zum Schluß des Films inszeniert er ein aufwendiges, ausschweifendes Clownsbegräbnis im Zirkusrund. Hat er den professionellen Spaßmacher zu Grabe getragen und für tot erklärt? Oder will er die Clowns als eine in unserer Zeit aussterbende

Art beweinen – um nur um so hemmungsloser zu den clownesken Gestalten seiner Zeit zurückkehren zu können? Das Projekt einer dokumentarischen (aktuellen) Wirklichkeitsreportage ist im Falle der »Clowns« vielleicht gescheitert, jedoch zugunsten einer triumphalen Beschwörung von Bildern einer egomanen tieferen (zeitlosen) Wirklichkeit.

Derselbe Konflikt und dieselbe Problematik kommen im Film »Roma« zum Ausdruck. Rom ist der Geburtsort des *Künstlers* Fellini. Hier trat der junge Mann aus der Provinz »in die Welt«, und hier kam er – als Künstler – *auf die Welt.* Jetzt, auf der Höhe des Lebens und Schaffens, ficht ihn die Frage an, ob er überhaupt je in die Welt – und das heißt: in die (heutige) Wirklichkeit – gelangt sei. Oder ist er ausgeschlossen geblieben, ein Flüchtling und wahnbefangener Egomane? (Woran glaubt, worauf fußt er, wofür lebt und optiert er – im Rom dieser heutigen Zeit?).

Solche Fragen schwingen mit in dem filmischen Unterfangen, das Rom zum Gegenstand seiner Welt- und Selbstbefragung nimmt, auch eines Gerichthaltens mit sich selbst. Rom wird in diesem Film sowohl auf der Ebene der Innenwelt wie der Außenwelt angegangen. Anders gesagt: Gegenstand der Bemächtigung ist die chaotische Weltstadt heute und andererseits das aus Erinnerungstiefen gehobene, das autobiographische Rom zur Zeit des Abessinienkrieges. Aus dem autobiographischen Teil wird eine eigene Version vom »Porträt eines Künstlers als junger Mann«. Da ist des jungen Fellini Einzug in der verheißenen Stadt geschildert, und zwar mit den damali-

gen Augen und mit dem damaligen Lebensgefühl: die kolossale, von Geschehen berstende Weltstadt – *ein* Lebensversprechen für den angehenden Künstler und Welteroberer; da ist die Pension, wo er sich einmietet, eine billige Künstlerpension, aber prallvoll der merkwürdigsten Typen, ein staunenswürdiges Narrenhaus für den Neuling aus der Provinz; und da ist das römische Volk bei immensen Gelagen in den offenen Stuben der Straßen und Plätze; und da ist der Puls der Geschichte in der Stadt: Krieg.
Diese Realität einer wiedererweckten Vergangenheit kippt unvermittelt um in die Gegenwartsrealität; Autostrada heute. Fellinis Filmteam wird – zum Schein – mit dokumentarischem Anspruch in die moderne Verkehrshölle losgelassen, und siehe da: auch dieser eminent heutige Stoff verwandelt sich im Nu in eine fellinische Überwirklichkeit von bedrängender Phantastik: ins Bild einer Apokalypse, in welcher sich das alte, ja das antike und das neue Rom mischen und vertauschen. Chaos und Untergang dienen als Feuerwerk und Beleuchtungszauber für eine komplexe Daseinsvision voller Vitalität. Der Wechsel der Ebenen wird mit der Vehemenz von Wechselbädern praktiziert, aber die Gegensätze von objektiver und subjektiver Wirklichkeit (Außen- und Innenwelt) kommen nicht sonderlich zur Geltung: Was immer Fellinis Künstlerphantasie berührt, wird von seiner Innenwelt verschlungen und in Mythen verwandelt: wird in den autarken Fellini-Reigen integriert. Kurz eingeblendeten Befragern, progressiven jungen Leuten »mit Engagement«, die von ihm wissen wollen, ob er sich um eine objektive Recherche bemühe und die

sozialen Probleme zu berücksichtigen gedenke, antwortet er: ein jeder müsse eben machen, was ihm liege. Er persönlich möchte am liebsten das römische Cabaret der vierziger Jahre erstehen lassen. Und tut's – in beispiellosen Sequenzen.

Fellini kann mit dem heutigen Rom, mit dem Rom heutiger Touristen, Demonstranten, Hippies... sichtlich nicht viel anfangen. Immer wenn er in die Gegenwart auftaucht, wendet er sich schnellstens ab, um zu *seinem* Rom zurückzukehren. Vor den Hippies mit ihren fernöstlichen Posen und dem blumenkindlichen Liebesgehabe zum Beispiel flüchtet er stracks in die Erinnerung an die römischen Bordelle der vierziger Jahre.

Aber noch in den Szenen dieser vergangenen Zeit vergißt sich (bei aller zeitgemäßen Staffage) das historische Moment rasch, obwohl die Soldaten auf den Straßen, eine Versammlung im Luftschutzkeller bei Fliegeralarm und etwa die durch eine Unterführung daherrennende Frau (deren in der Akustik des Tunnels schaurig hallender Schrei »Sie bombardieren Rom« unüberhörbar ist) die Erinnerung an die Kriegszeit wachhalten. Fellinis rückwärts gewandte Passagen sind so sehr ins »Bild« geholt, und das Bild wird so lebensmächtig, daß das Vergangene gegenwärtiger wird als die Gegenwart. Was ist wirklicher? Müßige Frage – alles ist *Illusion.* Rom ist ein Spuk. Die Ewigkeit ist ein Spuk. Nur die Einbildung ist Wirklichkeit.

Für Fellini, den Filmdichter, steht »das Leben« im Mittelpunkt der künstlerischen Intentionen, und das Leben ist ungeschmälert nur in einer *mythischen*

Weise adäquat einzubringen. Der Mythos des Lebens ist das Generalthema, das alle seine Filme überspannt – wie man andererseits behaupten könnte, Fellini arbeite immer am gleichen Film weiter oder er mache immer denselben Film, dessen Grundmotive gegeben sind.

Zur Mythisierung des Lebens gehören eine Reihe immer wiederkehrender, gleichsam *»ewiger Situationen«*. Da wäre, etwa in »Amarcord«, die Szene zu erwähnen, wo die Leute des Städtchens, um draußen auf dem Meer dem vorüberziehenden Ozeanriesen »Rex« ihre Ovation darzubringen, auf Booten, Kähnen und Kuttern hinausgefahren sind und nun auf hoher See warten. Es ist Abend, dann Nacht geworden und allmählich still in diesem Schifferlager. Nur der Wellenschlag ist zu hören, und auf dem Wellenschlag heben und senken sich die Boote und auf ihnen die Menschen, die teils schlafen, teils flüstern oder auch nur vor sich hinstaunen. Über ihnen spannt sich das gestirnte Firmament, und unter ihnen ist die bodenlose Schwärze des Wassers.

Das nächtliche Schaukeln der auf hoher See Ausgesetzten, weit im Meer draußen Schlafenden ist ein Bild, in das ein ganzer Hof mitgedachter und mitempfundener Bedeutungen einfließt: Argonauten und Odysseus, aber auch Fährboot über den Fluß Lethe und die Barke der Liebe. In der Stimmung sind Liebe, Tod und Traum Dominanten. Die Mehr- und Vieldeutigkeit solcher Bilder macht, daß wir in eine merkwürdige Verunsicherung bezüglich des Zeitbegriffs geraten: die Gegenwart springt in eine mythische Zeitdimension über.

Eine andere Situation (in »Amarcord«): es ist neblig, offenbar Spätherbst, und der alte Nonno aus der Familie des Titta, der bisher noch nie die geringsten philosophischen Anwandlungen bewiesen hat, findet sich, nicht weit von zuhause, auf einmal im Nebel verirrt. Er kann seinen Hauseingang nicht finden, er dreht und wendet sich in der suppendicken Gräue und bekommt es allmählich mit der Angst zu tun. Da nähert sich eine Kutsche, erst ist es ein großer dunkler Schatten, dann nimmt er Umrisse an. Der Alte, der überfahren zu werden fürchtet, drückt sich zur Seite, dann ruft er den Kutscher um Auskunft an, und siehe da: er befindet sich direkt vor seinem Hause. Die Verirrung im Nebel hat den Nonno auf Todesgedanken gebracht, doch mitbeteiligt an der Todesstimmung ist natürlich in erster Linie das gespenstische Auftauchen der Droschke mit dem schwarzen Kutscher auf dem Bock – es ist, als hätte Schwager Chronos den Alten gestreift.
Oder da ist immer wieder das Bahnhofscafé des Provinznestes, Inbegriff der Wartestube, wo die jungen Männer zum Zeitvertreib Billard spielen. Es sind dieselben jungen Männer, Vitelloni, die man auch schon in sehnsüchtiger Verzückung auf der Straße hat tanzen sehen, jeder für sich, aber ein jeder mit einer eingebildeten ersehnten Schönen vor Augen. Und nun werden diese von Erwachsenenängsten und unklaren Zukunftssehnsüchten Geplagten im Café von einem fremdländischen Paar überrascht und in Bann geschlagen. Das Paar ist wie aus dem Nichts erschienen, ein Filmpaar, ausgestattet mit Schönheit, Reichtum, Macht und mithin mit allem, was den Provinz-

Vitelloni abgeht. Sie stehen wie vom Blitz gerührt da, nur der Lokalmatador unter ihnen löst sich wie in Trance aus der Gruppe und nähert sich der fremden Frau.

Fellini erfindet keine Filme. Er zeigt »das Leben«, er zeigt es in seiner anarchischen Wildheit und blendet es an in seiner Einmaligkeit, Unwiederbringlichkeit, daß alles wirkt, als wär's dem Schlunde des Todes entrissen. Es ist das gewöhnliche Leben von jedermann, das aber in seinen Filmen zur atemberaubenden Saga wird.

Er ist der Spielleiter, der die Leute in seine Manege bittet. Er ist der Clown, der ihnen für Momente und Stunden die Augen öffnet, bevor er sie wieder entläßt. Er hat sie zum Lachen und Weinen gebracht, er hat sie gerührt und erschüttert. Er hat sie in den Reigen gespannt. Sie werden sich noch eine Weile »erinnern« an »das Leben«.

(1974)

Vincents einsamer Fall

Am Anfang dieser Künstlervita steht nicht die Begabung, auch keine auffallende Neigung zu künstlerischem Tun, ja nicht einmal ein gewisses Geschick. Am Anfang steht die bare Unmöglichkeit; die Not mit dem Zeichnen auf Grund einer nur zu deutlichen Ungeschicklichkeit, Begriffsstutzigkeit, darüberhinaus aber die Lebensuntauglichkeit schlechthin. Der in verschiedenen Anläufen zu einer bürgerlichen Existenz gescheiterte Vincent greift zum Zeichenstift wie der Ertrinkende nach dem Strohhalm. Der Zeichenstift wird für den Isolierten zum einzig verbleibenden Instrument menschlichen Partizipierens, Kommunizierens; sozialen Handelns überhaupt.

Nicht die sogenannte Berufung zum Künstler, sondern die bis zum Grade der Erstarrung empfundene Vereinzelung, das schmerzliche Eingeständnis der eigenen Nutzlosigkeit, die schiere Anpassungsunfähigkeit an die herrschenden Verhältnisse und deren Konventionen lassen den bereits siebenundzwanzigjährigen Vincent van Gogh in einem Verzweiflungsakt seinen Weg wählen.

Das ist die Prädisposition oder Motivation, allerdings sind sie in seinem Falle gepaart mit Charaktereigenschaften, die das fehlende Talent wenn nicht aufheben, so doch relativieren. Er macht sich mit einer ungeheuren Energie, ja Starrköpfigkeit ans Werk, mit Willenskraft und einer Opferbereitschaft über alle Grenzen des Belastbaren hinaus. Vor allem aber ist da

von Anfang an eine einmalige Gabe (oder Veranlagung) des Mitleidens mit Mensch und Kreatur, ein Drang zu Anteilnahme und Mitteilung. So wie der Drang nach menschlicher Verbundenheit für ihn grundlegend ist, wird er bestimmend sein für sein Werk.
Nochmals: der Ausgangspunkt ist unkünstlerisch, das Unternehmen eine Existenzfrage: auf Gedeih und Verderb, auf Leben und Tod.

Da ist von Anfang an dieser Drang nach sozialem Nutzbringen. Er drückt sich beim Heranwachsenden vorerst in einem übersteigerten Familiengefühl und einer auffallenden Teilnahmefähigkeit aus. Zum stark entwickelten sozialen Bewußtsein gehört das gleichermaßen in der Veranlagung verankerte Bedürfnis nach einer ethischen Überhöhung des Daseins. Das Leben kann seinen Sinn nur im Hinblick auf ein höheres Ziel – dies im Sinne einer Gottesgefolgschaft, mindestens Gottes*kindschaft* – finden. Solche Züge sind im Wesen des ganz jungen Menschen axiomatisch enthalten. Sie sind christliches Erbteil seiner Herkunft.

Vincent stammt aus einem strenggläubigen Pfarrhaus. Doch in der Familie gibt es seit je neben Pastoren auch Kunsthändler; drei seiner Onkel sind es, und insbesondere sein Patenonkel hat sich in diesem Beruf profiliert. Neben dem christlichen Denken gehört zur Stubenluft des Milieus die Liebe zur Kunst, so ist es nicht abwegig, daß er als Kunsthandlungslehrling debütiert.

Er tritt in die Haager Filiale der Firma Goupil & Cie. ein, deren Hauptsitz in Paris und deren Teilhaber sein Patenonkel Vincent ist, ein im Kunsthandel reich gewordener Mann.
Er tritt seine Lehrzeit mit sechzehn an, munter, erfolgversprechend, geradezu lebenslustig. Eine Quelle der Lebenslust ist seine Naturliebe, die sich in langen Spaziergängen und schwärmerischen Briefbeschreibungen darüber äußert und seinen Grundeigenschaften zuzuzählen ist.
Zur Weiterbildung versetzt man ihn in Goupils englische Filiale nach London. Er lernt Englisch, liest englische Literatur, lernt die englische Kunst kennen. Er kleidet sich gut, trägt einen Zylinder. Zur Untermiete wohnt er bei einer Mrs. Loyer, der Witwe eines Pfarrers aus Südfrankreich, die mit ihrer Tochter Ursula eine Art Kindergarten betreibt. Er verliebt sich in die Tochter des Hauses – und wird abgewiesen.
Die Zurückweisung hat in seinem Fall katastrophale und ganz und gar lebenswendende Folgen. Die Wirkung ist so, als sei er aus der menschlichen Gesellschaft ausgestoßen worden. Von Stund an ist er verändert, wird über Nacht zum Sonderling, eigenbrötlerisch, grüblerisch, aufsässig, ungenießbar. Vor allem aber: lebensabgewandt, glücksunfähig. Er stellt sein Leben unter den Leitsatz: »Wir sind nicht auf Erden, um glücklich zu sein, sondern um unser Glück zu verdienen.« Er vertieft sich in die Bibel, in alle erreichbaren religiösen Schriften. Er muß seine ganzen Lebensauffassungen revidieren. Kunst, Literatur, die er um ihrer selbst willen geliebt hatte, verbietet er sich. Er verbietet sich jede Art von Genuß,

selbst der Naturgenuß fällt unter das Verdikt. Tendenzen zur Kasteiung. In Kunst und Literatur läßt er nurmehr gelten, was von christlicher Nächstenliebe und Selbstaufgabe handelt. Sein Lieblingsspruch, er stammt von Ernest Renan, neben Michelet einer der meistzitierten Autoren seiner frühen Jahre, lautet: »Um in der Welt tätig zu wirken, muß man sich selbst absterben; das Volk, das sich zum Verbreiter eines religiösen Gedankens macht, hat kein anderes Vaterland mehr als diesen Gedanken. Der Mensch ist nicht auf Erden, nur um glücklich zu sein, er ist nicht einmal hier, um schlechthin anständig zu sein. Er ist hier, um für die Gesellschaft große Dinge zu vollbringen, um Seelengröße zu erlangen und die Gemeinheit hinter sich zu lassen, in der sich das Dasein fast aller Menschen hinschleppt.«

Die Abweisung durch Ursula Loyer, seine erste Liebe, ist der Stoß, der ihn aus der Bahn und ganz auf sich selbst geworfen hat.

Als Kunsthandlungsgehilfe ist er fortan ein unbequemer, ja unverträglicher Angestellter; ein Eiferer, Sektierer, Bekehrer am falschen Platz. Die Verantwortlichen aus Geschäft und Verwandtschaft verschreiben ihm einen Ortswechsel: er wird nach Paris versetzt – und bald schon entlassen. Das kann ihm nur recht sein, denn nun scheint ihm sein Weg vorgezeichnet: er will im Beruf dem Vater nachfolgen, er wird die Nachfolge Christi antreten.

Zunächst kehrt er noch einmal nach England zurück, um da einem Methodistenprediger, Leiter eines kleinen Internats in der Küstenstadt Ramsgate (Grafschaft Kent), gegen Kost und Logis als Hilfslehrer an die Hand zu gehen. Die Schüler rekrutieren sich aus armen Londoner Familien. Die Stelle hat er über eine Anzeige gefunden. Zu den Pflichten des Hilfslehrers gehört das Einkassieren rückständiger Schulgelder, was ihn auf langen Fußmärschen in die Londoner Armenviertel führt. Diese Gehülfentätigkeit dauert kein Jahr, sie ist eine Art Vorpraktikum für die eigentliche Berufsausbildung. Er kehrt nach Holland zurück, um sich ernsthaft auf die Aufnahmeprüfung für die theologische Fakultät vorzubereiten. In Amsterdam, wo ihm ein Onkel, Konteradmiral a. D., eine Dachkammer anbietet, sucht er im Privatunterricht das schulisch Versäumte nachzuholen, darunter vor allem die alten Sprachen. Er ist kein guter Schüler, schon darum nicht, weil er viel zu sehr vom Eigentlichen, von der Lehre Christi, absorbiert, von christlicher Literatur abgelenkt ist. Er fertigt eine Landkarte an, die die Reisen des Apostels Paulus nachzeichnet; er stellt eine Liste auf mit den biblischen Gleichnissen und Wundern, chronologisch geordnet. Das Büffeln von trockenem Schulstoff allerdings wird für den nach praktischem Einsatz, nach Bewährung lechzenden Vierundzwanzigjährigen eine Pein. Er arbeitet sich krank, Nachtarbeit ist die Regel. Sonntags besucht er an die sechs bis sieben Kirchen und Zusammenkünfte, darunter auch die Synagoge. »Wie sehr sein Nervensystem überreizt war, beweist, daß er einmal in den Kollektenbeutel seine silberne Uhr, ein ander Mal seine Handschuhe hineinwarf«, berichtet eine seiner Schwestern. Nach etwas mehr als einem Jahr gibt er auf zugunsten eines Schnellverfahrens: er bezieht in Brüssel eine Missionsschule, um sich in einem dreimonatigen Kursus auf den praktischen Einsatz als Evangelist und Prediger vorzubereiten. Diesen Kursus besteht er, erhält aber vorerst keine Anstellung, angeblich weil er nicht frei zu sprechen imstande sei, vor allem aber darum, weil er als aufsässiger Querkopf gilt. So erteilt man ihm lediglich die Erlaubnis zu einer (freiwilligen) unentgeltlichen Probezeit auf drei Monate. Er begibt sich ins Borinage, einen belgischen Kohlebergwerksdistrikt, wo er sich im Abhalten von Bibelstunden und in Krankenbesuchen üben soll. Im Januar 1879 wird er dann auf sechs Monate angestellt, wiederum probeweise; danach aber wird seine Arbeitszeit nicht verlängert. Weil er durch eine allzuwörtlich genommene Interpretation seines christlich-evangelistischen Auftrags maßlos übertrieben und sich darum in den Augen der Behörde unmöglich gemacht hat, wird er entlassen.

Er ist jetzt ein Versager durch und durch, brotlos, unterstützungsbedürftig durch die Familie, ein mißratenes Subjekt. Die Kirche, Christi Statthalterschaft auf Erden, hat ihn verstoßen, die Familie betrachtet ihn als verlorenen Sohn und unnützen Querulanten. Die Gesellschaft hat für ihn keine Verwendung. So ist er nun wirklich ein Ausgestoßener, und dies nicht nur seinem subjektiven Erleben nach. Am meisten zählt wohl, daß er in seinem Grundverlangen nach ausgelebter Brüderlichkeit verhindert ist, zählt die grauenhafte Isolation.

Er nimmt an diesem Tiefstpunkt seines bisherigen Lebens das Zeichnen auf. Er hat als Kind nicht ungern gezeichnet, und auch später hat er immer wieder kleine Skizzen angefertigt; von Begabung oder gar Berufung kann jedoch keine Rede sein. Das Zeichnen ohne alle handwerklichen Voraussetzungen, wahrhaft dilettantisch, ohne jede Ahnung von Anatomie und Perspektive, ist ein sprachloses Buchstabieren, ein Kaspar Hausersches Stammeln: ein Versuch, die Wirklichkeit zu erbetteln.

Die Tätigkeit des Zeichnens hat für ihn vom allerersten Anfang an doppelte Bedeutung. Sie ist eine Art Überlebensgarantie, insofern als er damit die tödliche Isolation bis zu einem gewissen Grade aufheben kann; Kunst als Lebensanschluß. Zum andern soll die Zeichnung von Anbeginn an auch Sprachrohr für andere Arme werden. Denn er wird auch jetzt von seinem Amt als Erweckungsprediger nicht abrücken.

Er möchte nicht weniger als retten: eine gottesferne und inhumane, erbarmungswürdige Menschenwelt retten oder doch beleben, wiederbeleben, und wenn auch nicht anders, so doch auf dem Papier mit seinem Stift – Kunst als Wiederbelebung.

Bald schon beginnt er seine eigenen traurigen Erfahrungen in gesellschaftlichen Zusammenhängen zu sehen. Er wird Inhumanität mit Ver-sachlichung des Daseins, mit Warendenken, Ausbeutung, mit Klassenunterschieden zusammenbringen. Denn inzwischen ist ihm bewußt geworden, daß es nicht an ihm allein liegen kann, wenn er überall anstößt mit seinem radikalen Lebensanspruch; daß es nicht an ihm liegen kann, wenn ihm die Verhältnisse entmenscht vorkommen, das Dasein entgöttert; daß es an der Gesellschaft liegt, die krank oder absteigend, vielleicht gar zum Tode verurteilt sein müsse, wenn sie in Institutionen von unmenschlicher (ausbeuterischer) Art erstarrt, alles in allem verlogen ist. Er nimmt Abstand von dieser Gesellschaft mitsamt ihrer falschen Moral, ihren fragwürdigen herrschenden Werten und sucht Trost bei milderen Meistern und Geistern, bei Meistern der Literatur und Kunst, bei einem Shakespeare, einem Rembrandt, bei Millet und Delacroix – wobei allerdings die Christusgestalt bis zuletzt von zentraler Bedeutung bleiben wird.

Gegen das Lebendigtotsein wollte der Anfänger (in Sachen Kunst) antreten mit dem Instrument seiner noch kaum lebensfähigen Zeichnung. Kunst als Selbstrettung *und* als Verkündigung – soviel (vorerst) zur *Funktion der Kunst* in Vincents einsamem Fall und Verständnis.

Es folgen die Lehrjahre. Nach einem kurzen Besuch an der Brüsseler Akademie sucht er, auch aus Geldgründen, Zuflucht im elterlichen Pfarrhaus, das sich damals in *Etten* befand, um sich vor der Natur zu bilden. Dieser Anfang fällt in die Zeit vom April bis zum Dezember 1881. An diesen Landaufenthalt schließt sich die Zeit in *Den Haag* an.

Der einzige Vorzug in dieser Anfängerzeit ist seine Gabe der Hineinversetzung (in seinen Gegenstand), der Identifikation, getrieben vom Mitleiden. Sein Gegenstand: Verlorene, Randexistenzen, Unterproletariat also; und Arbeiter.

Und was bringt die erste Lehrzeit künstlerisch ein? Jammergestalten, Geduckte, Gezeichnete. Sein Stift fängt Leblose auf, die allerdings in ihrem armseligen Zustand eine Art stillschweigende Hoffnung auf Erlösung manifestieren, oder doch: *Aussicht* auf einen

Erlösungsanspruch. Das geht nicht nur aus den Briefen hervor, es kommt auch formal zum Ausdruck, in den Horizonten nämlich, einer spezifischen Horizont-Erzwingung, sowohl in den Landschafts- wie in den Figurenzeichnungen. Bei den Figuren – denaturierten Kreaturen – beschwören die Konturen des Elends auf den Blättern jeweils einen oberen Raum der Ergänzung, einen Lichtblickraum, wo eine Hoffnung sich mitteilt. Sie werden unter einen Horizont gekrümmt, der als Entsprechung zum Unteren einen über sie hinausweisenden Raum heraufbeschwört. Eindeutiger kommt es in den Blättern mit Stadt- bzw. Vorstadtansichten zur Geltung, wo sich das erbärmliche Unten der Baracken und Schrebergartensiedlungen in gewalttätigen Sehnsuchtslinien den Himmel oder das Unendliche erzwingt.
Den Haag: das ist der angestrengte Versuch, zeichnerisch der menschlichen Wirklichkeit habhaft zu werden, aber der Ertrag ist deprimierend in seiner Beinernheit, der Natur- und Lebensferne, dem schleichenden Tod. Einesteils ist da natürlich die Inkongruenz zwischen praktisch-technischem Können und hochgestecktem (philosophischem, religiösem) Wollen mitbeteiligt. Zum andern sind es die Augen des selber bis zum Grade der Jämmerlichkeit Geduckten, der solches sieht und sich zur Traurigkeit hingezogen fühlt. Doch es genügt ihm nicht.

Was er bisher als *Bild des Menschen* zutage gefördert hatte, gleicht bestenfalls einer »âme en peine«, einer Seele im Fegefeuer; der künstlerische Niederschlag ist von peinvoller Dürre, darin sind sich Theo (der den

Bruder materiell am Leben hält) und Vincent einig. Dieser sieht und nennt zwei Ursachen. Einmal ist sein eigener erschöpfter Zustand daran schuld. Er ist halb tot, weil er mit dem wenigen, das der Bruder vom eigenen, nicht eben üppigen Gehilfensalär (im Pariser Kunsthandel) abzweigt und ihm monatlich zukommen läßt, nicht nur für Farben und sonstiges Malmaterial, sondern auch noch für den Unterhalt seiner »Familie« aufkommen muß – Vincent hat eine ehemalige Hure mit zwei Kindern bei sich aufgenommen –, das bedeutet für ihn nur zu oft hungern und verträgt sich schlecht mit der maßlosen körperlichen und geistigen Verausgabung. Die andere Ursache für seinen künstlerischen Mangel sieht er im Gesellschaftlichen. Was ihn, sowohl als Vorlage wie als Adressat, interessiert: die Armen und Arbeiter, gehört ja zum verelendeten Industrieproletariat. Er kann von ihnen nicht mehr zehren – ebensowenig wie er sie umzudeuten vermag. Das Bild des Erbarmens genügt jedoch seinen höheren Absichten nicht. Er versteht sich als Volksmaler: als Maler aus dem Volk und für das Volk; als solcher möchte er einen lebensfähigen, zukunftsvollen Menschen erschaffen. Darum muß er sich aus dem Armutsmilieu des städtischen Proletariats, dessen Lebensbedingungen er teilt, ausbürgern. Die Stadt ist für ihn ohnehin Synonym für Notstand, Untergang, Schlechtigkeit, Unnatur. Er muß jetzt in die Natur, er muß sich selber erneuern, wenn er weiterkommen will. Sobald dieser Entschluß gefaßt ist, wird er sich auch von seiner Familie trennen. Angesichts der eigenen Stagnation wählt er – schweren Herzens – den Bruch mit der Gefährtin.

Im September 1883, nach annähernd zweijähriger Lehrzeit in Den Haag, zieht er fluchtartig aufs Land, nach *Drenthe*, einer Gegend, die damals noch wenig urbar gemacht war und in der der Kleinbauer ein ärmliches Dasein fristet. Der an ausgiebigen Streifzügen reiche Aufenthalt dauert nur wenige Monate und ist eine Zeit der Läuterung. Die Quintessenz besteht etwa in den folgenden Gedankengängen:

Wenn man wachsen, das heißt Mensch werden will, dann muß man sich von üblen gesellschaftlichen Verhältnissen lösen, muß sich entwurzeln, um anderswo Wurzeln zu schlagen. Die gesellschaftlichen Verhältnisse sieht er als unrettbar dem Untergang geweiht an. Da ist kein Sprießen, schreibt er dem Bruder, den er auch aufs Land locken will. »Zur Natur zurück« lautet (vereinfacht) die Devise, und an diesen Entschluß knüpft sich die Hoffnung einer radikalen Neubegründung der eigenen Existenz. Er flieht eine alte verlorene Welt, um in sich selbst die Erneuerung zu betreiben in einem Reich von gleichsam geschichtsloser Frühe. Dort wird er den eigenen Geschöpfeszustand in sich reaktivieren, dort wird er gesunden. Eine Wiedergeburt soll es sein, so viel verspricht er sich von der ins Auge gefaßten Natur(heil)methode.

Es ist ein Pionierunternehmen. Er vergleicht es wortwörtlich dem Auslaufen der Puritaner auf der Mayflower – aus einer alten in eine neue Welt. »Sie schlugen Wälder, wir würden es in der Kunst suchen müssen.« An den Puritanern aus Cromwells Zeiten fesselt ihn besonders deren Tatdenken. Ist einmal eine Richtung gewiesen, dann gilt es, nicht zu grübeln, sondern zu handeln – zäh, mit Ochsengeduld, mit Vertrauen in die Metamorphosenkraft der eigenen Natur. In seinem Falle ist das Handeln künstlerischer Art, eine dem Pflügen und Ackern vergleichbare Arbeit, und zwar mit dem Hebel der künstlerischen Intuition. Mit diesem »Gerät« gilt es, sich den Naturgründen entgegenzuwühlen, von denen er sich Rettung verspricht.

»Sage ich das etwa, weil ich Kultur oder dergleichen verachte? Im Gegenteil, gerade weil ich das echte Menschliche, das Leben *mit der Natur und Kultur* im Auge habe und respektiere.«

Fast wäre es über dieser Frage, die für Vincent die Bedeutung einer Barrikadenentscheidung annimmt, zwischen den Brüdern zur Entzweiung gekommen. Man kann nicht gleichzeitig auf beiden Seiten der Barrikade stehen, kann sich also auch nicht über die Barrikade hin Bruder sein. Man hat Partei zu ergreifen, entweder für das konservative Prinzip oder für das Prinzip einer neuen Gesellschaft, die bereits im Aufbau begriffen ist. Es gibt das revolutionäre Prinzip, sagt er, und es gibt das andere, das überlebte, refraktäre. Das ist der essentielle Ertrag seiner Expedition nach Drenthe, und mit dieser Erkenntnis und Zielrichtung begibt er sich im Dezember 1883 von neuem ins elterliche Pfarrhaus zurück, das sich nun in *Nuenen*, Brabant, einer ebenfalls rückständigen Gegend, befindet. Hier wird er nach dem Vorbild der von ihm verehrten Maler der Schule von Barbizon zum *Bauernmaler*.

Die zweijährige Nuener Periode hat – in Vincents Vision – den Charakter und die Bedeutung einer Expedition in eine Enklave menschlichen Urzustands, um dort an Ort und Stelle die Verhältnisse zu studieren (oder das Geheimnis zu ergründen). Es ist ein freiwilliges Rückschreiten in eine Frühstufe und ein Wurzelfassen mit dem Instrument künstlerischer Assimilierungskraft. Ziel ist das Freilegen einer verschütteten Kreatürlichkeit.

In der Brabanter Zeit findet er für seine Kunst, was er bisher vergebens gesucht hat: die Belebung, Lebendigkeit, Lebensfähigkeit. Es sind prachtvoll primitive Gestalten, die da entstehen, Gestalten eines Halbmenschentums gewissermaßen. Sie *leben* nicht zuletzt dank ihrer dem Boden, den Erdgründen zugewandten berserkerhaften Arbeit. Und das will er betonen und freilegen, das Tatdenken, dieses stummverbissene, auch dumpfe Pioniertum im Tätigsein. Er macht es frei mit dem Mittel der Verzeichnung, Übertreibung, Brutalisierung, der Gewinn liegt im Ausdruck, Ausdruck einer Lebendigkeit *und* Lebensfähigkeit, die sich packend mitteilt, obwohl oder besser weil die Auffassung der Figur aller akademischen Richtigkeit spottet. Was hier mit künstlerischen Mitteln anvisiert wird, ist im tiefsten nicht weniger als eine Wiederholung der Genesis.

Dieses Dasein im Dunkel bestimmt auch die Palette, die erdfarben ist, allenfalls »grüneseifeartig«, wie er es definiert.

In seiner neuen Figurenauffassung sieht er das wahrhaft Moderne, weil er so den Menschen aufs intensivste *belebt*, aber auch weil er, was sich in der alten Malerei nirgends findet, die Realität der Arbeit direkt zu evozieren versteht. Auch seine Palette ist bewußt

so tief gestimmt, weil sie ein Dasein nicht nur an, sondern beinah unter der Erde fassen soll. In Nuenen ist er im übrigen zum Maler geworden. Die Auseinandersetzung mit der Farbe, vor allem im Studium der Farbtheorien Delacroix', hat ihn intensiv beschäftigt; und künstlerisch weitergebracht.
Die Periode Nuenen ist ein Zurückschreiten *und* ein Vorstoßen. Tief in die Vergangenheit zurückgelehnt hat sich Vincent außerdem durch sein Studium der alten holländischen Meister – im Mittelpunkt Rembrandt und Frans Hals. Wie sehr er trotz seiner Dunkeltonigkeit am Phänomen Farbe interessiert war, zeigt der Bericht eines Zeugen: »Er verglich die Malkunst oft mit der Musik, und um ein noch besseres Verständnis von Wert und Abstufung der Töne zu bekommen, nahm er Klavierstunden bei einem alten Musiklehrer, der gleichzeitig Organist... war. Das dauerte aber nicht lange, denn da van Gogh während der Stunde die Töne des Klaviers immer mit Preußischblau und Dunkelgrün oder dunklem Ocker bis zu hellem Cadmium verglich, dachte der gute Mann, er habe es mit einem Verrückten zu tun, und bekam solche Angst vor ihm, daß er mit dem Stundengeben aufhörte.«

Die Aufhellung der Palette setzt schon in der darauffolgenden Periode in *Antwerpen* ein, wo Vincent, hungrig nach Kunst, nach dem Umgang mit Künstlern und, ja, Stadt- bzw. *Tag*leben den Winter 1885/86 verbringt. Das wichtigste Ereignis dieser kurzen Übergangsphase ist zweifellos die Entdeckung der Japaner, der japanischen Holzschnitte oder ›crepons‹,

die damals sogar auf Packpapier gedruckt in Umlauf waren.
Nach der im wahren Sinne als Grundlagenforschung einzuschätzenden Nuener Zeit ist er jetzt fähig, dem Taggeschehen, der fluktuierenden Passagenwirklichkeit standzuhalten mit seinem Stift und Pinsel, weil er stärker als vordem ›frei‹, das heißt, aus einem im Modellstudium erstarkten Vorstellungsvermögen heraus arbeiten kann. Er zeichnet schnell in einem neuartigen Skizzierverfahren. Zwar studiert er noch Akt an der Akademie, denn dazu hatte er bei den Brabanter Bauern und »Halbmenschen« keine Gelegenheit; er malt Blumen und sogar leichte Mädchen aus dem »Café dansant«. Dann zieht er, Februar 1886, nach *Paris,* um nochmals Akt nachzuholen, und zwar im Atelier Cormon, wo er Emile Bernard und Toulouse-Lautrec begegnet.
Das entscheidende, geradezu schockartige Pariser Erlebnis muß die Bekanntschaft oder besser: der Zusammenprall mit den französischen Exponenten der Avantgarde gewesen sein – den Impressionisten Monet und Pissarro, den Neoimpressionisten oder Pointillisten Seurat und Signac und den Symbolisten oder Synthetisisten um Gauguin. Alle waren sie »am Licht«, und alle hatten sie, jeder auf seine Weise, den Japanismus schon hinter sich.
Die Metropole als kulturelle Lokomotive! Der von neuen zeitgenössischen Ideen brodelnde Hexenkessel mit seinem Überangebot an Herausforderung muß auf den von einem langen einsamen Weg kommenden Hinterwäldler zündend und bedrohend, vor allem aber nervenaufreibend gewirkt haben: explosiv.

Bald schon macht Vincent den Schritt in diese damals vorderste Linie der modernen Kunst. Seine Palette hellt sich weiter auf, sein bereits in Antwerpen entwickelter Notierstrich nähert sich dem kleinteiligen Pinselhieb der Impressionisten an, den Pointillismus verarbeitet er gewissermaßen im Vorübergehen – wenn auch seine Pinselschrift bei aller Spontaneität und neuen Kleinteiligkeit doch zeichnerisch, ja modellierend, körpererschaffend und darüberhinaus mit Regungen einer ganz persönlichen Anteilnahme aufgeladen bleibt.

Er malt Blumen, Stilleben, Fabriklandschaften der Vorstadt, ebenso Caféhäuser des Montmartre; Stadtlandschaft und freie Natur draußen vor der Stadt; und Selbstbildnisse, Porträts überhaupt, darunter dasjenige des Farbenhändlers und einst am Aufstand der Kommune beteiligten »Père Tanguy«, der den Künstler-Revolutionären Malmaterial gegen Bilder und immer eine offene Tür bietet. In dieses Bildnis hat Vincent einen ganzen Almanach von Gedanken eingearbeitet.

Es ist die einzige Zeit, da die Brüder Vincent und Theo zusammenleben. Unterhalb von Sacré-Coeur, in der Rue Lepic, bewohnen sie eine Bürgerwohnung, die allmählich zum überladenen Bildermagazin verwildert. Theo leitet derzeit eine Kunsthandlung auf dem Boulevard Montmartre, in deren Sous-sol er die Bilder der Avantgardisten propagiert. Dieses Ladenuntergeschoß wird zu einer wahren Zelle der Revolutionäre, in deren Mitte Vincent nicht nur Zuhörer ist, sondern auf leidenschaftliche Weise seine Ideenfülle ausbreitet.

Eine dieser Ideen betrifft die Gründung einer Künstlergenossenschaft, die zweierlei Zweck dienen soll: einerseits der finanziellen Unterstützung der Künstler und zwar insofern, als die Erträgnisse aus Bildverkäufen je nach Bedürftigkeit unter *alle* verteilt werden sollen; zum andern soll das Unternehmen in der Form eines ambulanten (und schließlich international expandierenden) »Jahrmarktsunternehmens« die neuen Inhalte und mit ihnen Glück und Trost der impressionistischen Werke billig unters Volk bringen. Vincent möchte den Bruder dazu bewegen, seine Stellung als (kapitalistischer) »Tulpenhändler«, wie er ihn tituliert, aufzugeben und der idealistischen Genossenschaft vorzustehen. Dieses neue Missionieren Vincents wird für den ohnedies überbeanspruchten Theo zur schweren Belastungsprobe. Einmal mehr droht den Brüdern Entzweiung. Aber nicht nur darum kommt es zu Vincents Exodus aus Paris: das Großstadtleben hat ihn aufgerieben, von einem Tag zum andern entschließt er sich, aufs Land zu fliehen, aber jetzt nicht mehr in den Norden zurück, sondern – wohl auf den Spuren des von ihm hochverehrten Malers Monticelli – in den tiefen Süden Frankreichs. Erst wird Marseille anvisiert, dann einigen sich die Brüder auf Arles.

Vincent kommt im Februar 1888 in *Arles* an – und fühlt sich in Japan. Die erste Phase (bis zu seiner erstmaligen Hospitalisierung nach dem Besuch Gauguins) wird ihm zu einer gewaltigen Erntezeit; zu einer glücklichen Zeit. Er findet nicht nur *zur Farbe*, sondern zu einer Selbstverwirklichung, die ihn den

Impressionismus und alle anderen neuen künstlerischen Positionen aus Paris aufs selbstverständlichste abstreifen läßt.

»Du weißt, warum ich in den Süden ging... Ich wollte ein anderes Licht sehen und glaubte, daß man unter einem klaren Himmel die Natur besser versteht, sie ruhiger empfinden, wiedergeben und zeichnen kann. Schließlich wollte ich eine stärkere Sonne sehen, weil ich fühlte, daß ich, ohne dies zu kennen, nicht imstande wäre, die Technik Delacroix' zu verstehen, und sah, wie die Farben des Prismas im nordischen Nebel verschleiert sind.«

»Man darf Afrika nicht fern von sich haben, um die Farbe bis zum Äußersten zu treiben.«

Was hatte er nach Arles mitgebracht? Die Fähigkeit, mit starken farbigen Konturen in der Bild*fläche* kompositorisch zu operieren; eine gewisse Neigung zum Dekorativen (die er auch in den Arbeiten Gauguins und Bernards findet); seine nur ihm eigene Pinselschrift (die er bei aller Bemühung nicht zu glätten verstand), dieses Strich-Staccato, das nicht nur die geradezu ›handfeste‹ Erschaffung des Gegenstandes vor Augen führt, nicht nur diese Sensation, sondern darüberhinaus die Kurvatur seines seelischen ›Kardiogramms‹.

Mit dem Impressionismus konnte er gar nicht viel gemein haben. Ihm geht es ja nicht um den »reinen Eindruck«, nicht um die Widerspiegelung der Dinge im Luftmantel, nicht um diese Sehweise, die, im Grunde von einem wissenschaftlichen (von den Gesetzen der Physiologie abgeleiteten) Denken und dazu noch von der Photographie inspiriert, im tiefsten eine ungläubige, ja nihilistische Sehweise ist, reine »Illusion«, Augentäuscherei.

Ihm ging es seit je darum, das Wunder der baren *Existenz* (von Natur, Mensch oder Ding) zu beschwören, mehr: die Schrecksekunde der Erschütterung mitzumalen, die solches Erkennen auslösen kann. Nicht um Verschleierung: um Entschleierung ging es ihm. Um die Fixierung des Einswerdens mit dem Du oder Ding im Augenblick, da der Vorhang reißt; um die Evokation solchen Existenzinnewerdens, das auch immer eine Offenbarung Gottes (oder der Schöpfung oder des Ewigen) bedeuten muß. Um diesen eigentlich nur in der Ekstase erreichbaren *Zusammenhang*.

So gelingt in Arles, unter der Einwirkung des entschleiernden Lichts des Südens, eine Synthese von allem, was er je angestrebt und erträumt hat: die denkbar packendste – realistische – Vergegenwärtigung eines Einzelnen und gleichzeitig dessen Entrückung in einen Raum der Zeitlosigkeit. Dieses Ver-ewigen; die Aufhebung des Gegensatzes von Vereinzelung und Allzugehörigkeit, Eins und All, Zeitlichkeit und Zeitlosigkeit, Zweifel und Glauben, Täuschung und Wahrheit (»Ich bin ein Gläubiger in meinem Unglauben«, heißt es in einem frühen Brief aus dem Borinage).

Es ist, in Vincents Verstand, vermutlich nicht weniger als eine sinnenhafte Vorführung des Gottesbeweises. Und das Einigende, die Macht, die dieses Erleben und die daraus folgende Creatio ermöglicht, ist das *Licht*; die Sonne.

»Leute, die nicht an die Sonne glauben, sind fast Gottlose...«

Die Sonne ist es, die das Einzelne in seiner schmerzendsten Einmaligkeit hervorschleudert, zuckend von Gegenwart; und die Sonne ist es, die die Gegenwart verzehrt und das Gegenwärtige »ver-ewigt« zu nichts weiter als einer Grimasse vor dem Plane der Zeitlosigkeit.

Um so zu erleben, um so zu schaffen, bedarf es einer besonderen Disponibilität, und diese bringt der von jeher mit dem Medium der Identifikation arbeitende Holländer mit, nur daß sich die Anlage jetzt bis zum Grade der Ekstase steigert.
Vincent zeichnet und malt in Arles in einer Unio mystica, halluzinatorisch. Er malt ganze Bilder in einer Sitzung, die manchmal nicht länger dauert als eine Stunde, unter Diktat, hellseherisch.

»... dann überkommt mich eine so schreckliche Hellseherei, ... dann fühle ich mich nicht mehr, und das Gemälde kommt mir wie im Traume.«

Es ist die gleiche Optik, die Aldous Huxley in seinen Berichten über Erfahrungen mit Meskalin beschreibt, und diese Optik oder besser: dieser Geisteszustand hat zweifellos mit *Zen* zu tun. Über eines seiner Selbstbildnisse aus Arles schreibt er an Gauguin: »Ich

faßte dieses Porträt auf wie das eines Bonzen, eines Anbeters des ewigen Buddha.«
Das Wort Kalligraphie gehört auch in diesen Zusammenhang, am naheliegendsten auf dem Gebiete der Zeichnung, der Rohrfederzeichnung, die er bewußt in Anlehnung an die Japaner macht und die ihm, wie er sagt, so schnell entsteht, als schreibe er. Aber diese Kurzschrift oder Zeichenschrift ist nicht nur Evokation (Abstraktion) der räumlichen und körperbedeutenden Beschaffenheit von Landschaft, es ist auch Suggestion der Farbe mit schwarz-weiß. »Sie sind ein kühner Versuch, Farbe zu übersetzen. Durch Stränge, Punkte, Linien, die der ausdrucksstärksten Richtung der Form folgen, geben sie mit eigentümlicher Kraft die glühende Vision wieder, die seine Einbildungskraft den geschauten Dingen abgewann«, schreibt Emile Bernard in einem Brief.

In Arles malt Vincent anfangs, was er an Entzückungen des Frühlings erfährt: die blühenden Obstbäume und -gärten; gewiß denkt er dabei an die Gärten und Zweige Hokusais. Er ist jetzt wieder der Malersmann (wie schon in Nuenen), der mit seinem Gerät unterm Arm und dem geflochtenen Strohhut, wie ihn die Camargue-Hirten tragen, auszieht ins Freie, um die Landschaft »aufzunehmen« und den Malrausch auszuleben. Er malt die weite Ebene mit dem Mont Majour, aber auch Stadtlandschaften; die »Zugbrücke« und die Cafés, auch Nachtcafés; er malt nun erstmals auch Nachtlandschaften mit dem gestirnten Himmel – auch sein uraltes Thema, den Sämann, den er jetzt unter eine riesengroße Sonne stellt.

Er malt die Freunde, die er hier gewonnen hat, einfache Leute: den als Postbote in die Geschichte der Kunst eingegangenen Roulin (der in Wirklichkeit Frachtmeister auf dem Bahnhof war), großartig uniformiert, und mit ihm seine ganze Familie. Madame Roulin wird unter seiner Hand zur »Berçeuse«, und Madame Ginoux zur Romanleserin oder »Arlésienne«. Zu den Freunden zählt auch der Unterleutnant der Zuaven, Milliet, der Vincent auf seinen Streifzügen begleitet, weil er sich für Malerei interessiert und außerdem als Künstler dilettiert.
Er malt zu jeder Zeit, Tag und Nacht, auch unter der glühenden Mittagssonne und beim nervenzehrenden Wehen des Mistrals. Anfänglich logiert er in billigen Gasthäusern, dann mietet er sich ein gelbes Haus, das er innen weiß kalkt und mit allem Nötigen versieht, sogar mit einer neugelegten Gasleitung, weil er mit diesem Haus Besonderes vorhat: es soll eine Art Kloster für eine echte Künstlerkommune werden, für eine Brüderschaft der Maler, die armen »Pariser Droschkengäule« – ihnen allen möchte er zur Gesundung den Süden, das heißt, sein Japan verschreiben. In dieser Vorstellung ist alles enthalten, was ihn schon seit der Zeit in Den Haag bewegt und beschäftigt hat: eine praktizierende Malergemeinschaft, die *Bilder fürs Volk* macht.
Als erster soll Gauguin kommen, der oben in der fernen Bretagne, in Pont-Aven, darbt. Im Gedanken an die Kommune (vorerst aber ganz konkret im Gedanken an den von ihm hochverehrten Gauguin) beginnt er *Dekorationen* zu malen, Dekorationen zum Schmuck des Hauses, so die Sonnenblumen, auch

ganze Zyklen vom »Garten des Dichters«. Er beginnt über das einzelne Format hinaus in Bilder-Familien zu denken und zu schaffen.

Als Gauguin dann endlich kommt, und zwar durchaus nicht als pflegebedürftiger Flüchtling (wie er sich brieflich dargestellt hatte), sondern sehr selbstbewußt, kühl, mit einer außergewöhnlichen Begabung für alles Praktische, einer Begabung, die den ehemaligen Seemann und Bankfachmann verriet (der Gauguin in seiner bürgerlichen Vorzeit gewesen war), auch als ausgesprochener Frauenheld – Eigenschaften, die Vincent abgingen –, ist von Brüderlichkeit und Brüderschaft wenig die Rede, desto mehr von Spannungen. Nach den andauernden Diskussionen über Unvereinbarkeiten, die im allzu stark kontrastierenden Naturell der beiden angelegt waren, erheben sich die beiden oft mit dem Gefühl von Batterien nach der Entladung, wie van Gogh in seinen Briefen schreibt. Die Luft des Hauses ist immer häufiger wie elektrisch geladen. Dieser erste Schritt in Richtung einer Künstlerkommune endet mit Vincents Hospitalisierung im Irrenhaus und Gauguins überstürzter Abreise nach Paris (oder Selbsterrettung von einem sinkenden Schiff, wie es Vincent in schwarzseherischen Stunden interpretiert).

Nach seiner ersten Entlassung aus dem Hospital malt Vincent den leeren Lehnsessel Gauguins und auch seinen eigenen Stuhl mit Tabakpfeife und einem französischen Roman auf dem geflochtenen Sitz.

Der arlesische Malersmann Vincent arbeitet nicht anders als seinerzeit in Nuenen, nur daß er seine Motive nun mit seinem neuen ekstatischen Vermögen und einer endlich erlangten meisterlichen Freiheit in der Formvereinfachung und einer zur höchsten Intensität gesteigerten Farbgebung malt. Grundsätzlich aber, in seinem Kunstwollen, seinem Engagement, hat sich seit Nuenen nichts geändert.

»Aber ich ... sage es frei heraus, komme immer mehr auf das zurück, was ich vor Paris suchte, und ich weiß nicht, ob irgendeiner vor mir von der suggestiven Farbe gesprochen hat ...«

»... Denn anstatt daß ich das, was ich vor mir habe, genau wiedergebe, bediene ich mich willkürlicher der Farbe, um mich stark auszudrücken ...«

»Wenn man die Farbe oder die Zeichnung ganz richtig wiedergäbe, brächte man nie diese Erschütterungen heraus.«

Er denkt nach wie vor an »Bilder fürs Volk«, und trösten möchte er auch immer noch, doch fast wichtiger als Trost ist ihm jetzt die Erschütterung – eine Ausdrucksfrage. Von seinem Caféhausbild meint er, er habe darin auszudrücken versucht, »daß das Café ein Ort ist, wo man verrückt werden und Verbrechen begehen kann ... Das alles drückt eine Atmosphäre von glühender Unterwelt aus, ein bleiches Leiden. Dies alles drückt die Finsternis aus, die über einen Schlummernden Gewalt hat ...«
Die Liebe zweier Liebenden muß man »durch die Ehe zweier Komplementärfarben, durch ihre Mischung und durch ihre Ergänzung und die geheimnis-

volle Vibration der verwandten Töne ausdrücken. Den Gedanken einer Stirn durch das Ausstrahlen eines hellen Tons auf einer dunklen Stirn ausdrücken; die Hoffnung durch einen Stern ...«
Trotz der erschütternden Wirkung sollen die Bilder grundeinfach sein. Darum »möchte ich immer an solchen Volksbildern malen, selbst wenn sie grell herausschreien ... Kalenderbildchen, Bildchen alter Bauernkalender machen, auf denen Hagel, Schnee, Regen, schönes Wetter in einer ganz primitiven Art dargestellt sind«.

»Und im Gemälde möchte ich eine Sache sagen, tröstlich wie Musik. Ich möchte Männer oder Frauen malen mit dieser Ewigkeit, deren Zeichen der himmlische Schein war und die wir in dem Strahlen suchen, in dem Beben unserer Farben ...«

Im Mai 1889, nach erneuter Hospitalisierung, begibt er sich freiwillig in eine geschlossene Anstalt, die in einem alten Kloster in *Saint-Rémy* bei Tarascon untergebracht ist. Obwohl sich die Anfälle in Abständen wiederholen, erleidet seine Arbeit keine Unterbrechung und vor allem keine Einbuße an Intensität. In ruhigen Phasen arbeitet er unter Bewachung draußen im Garten oder auf freiem Feld, in kritischen in einem vergitterten Raum. Es entstehen eine Reihe mächtiger Landschaften; Ansichten des Klostergartens; auch Bildnisse.
Das Seinsgefühl aus Arles, diese Existenzentschleierung, herbeigeführt in einem ekstatischen Einswerden mit dem Gegenstand – jenes Glücksgefühl ist

jetzt einem hochdramatischen Wahrnehmungszustand gewichen, der alles in Mit-Leidenschaft zieht, alles demselben seelischen Seismogramm unterwirft, einer schwingenden kreisenden, bisweilen flammenden Kurvatur. Im Gegensatz zur früheren Vergegenwärtigung der Dinge handelt es sich jetzt um eine dem Grundgefühl von Einsamkeit und Angst abgerungene *Vergewisserung*, und da sich diese Vergewisserung nur in einem gewaltigen Glaubensaufschwung – gegen die Verzweiflung – erreichen läßt, ist der künstlerische Atem dieser Bilder so dramatisch, aber auch alles einigend: Unten und Oben, Erde und Himmel, tote und lebendige Natur. Der der Angst abgerungene Aufschwung transponiert alles und jedes in einen kosmischen Alleinheitsraum; und gleichzeitig stempelt er die Werke mit dem Signum des Widerstands. Die Zypresse, der Obelisk des Südens – ein auf einsamem Posten ausharrender Zeuge des Widerstands. In der Farbe Verdüsterung.
In einer an Theo gerichteten Bildbeschreibung spricht Vincent von »durch Grau melancholisch gemachtem Grün ...«

»Was ich in meinen besten Augenblicken erträume, das sind keine heftigen Farbeneffekte, sondern eher solche von Halbtönen ...«
»In Wirklichkeit strebe ich danach, grauer zu malen.«

In mancher Beziehung kann man von einer Rückkehr sprechen; auch von einem Zurückdenken. Stärker als in Arles treten die alten Motive in den Vordergrund, der Sämann, der Schnitter ..., Motive der Frühzeit, die immer schon mit dem Gedankengut aus den biblischen Gleichnissen aufgeladen waren; jetzt gewinnen die religiösen Vorstellungen beherrschende Macht über ihn.

»Ich bin erstaunt, daß ich mit meinen modernen Ideen ... Anfällen unterworfen bin, wie sie Abergläubische haben, wo mir wahnwitzige religiöse Ideen kommen, wie ich sie nie in meinem Gehirn im Norden spürte.«

Noch aus der Zeit vor seinem ersten Anfall in Arles datiert die Bemerkung: »Allerdings glaube ich nicht, daß mein Irrsinn Verfolgungswahn sein würde, weil meine Empfindungen im Zustand der Erregung immer auf eine Beschäftigung mit der Ewigkeit und dem ewigen Leben gerichtet sind.«

Rückkehr auch zu den geliebten alten Meistern der Frühzeit – zu Millet, Delacroix, Daumier, selbst Doré, die er in Zeiten eines zustandsbedingten Hausarrests nach kleinen Schwarzweiß-Vorlagen »kopiert«.

»Ich will Dir sagen, was ich darin suche, und warum es mir gut scheint, sie zu kopieren. Man verlangt von uns Malern, daß wir immer selbst komponieren, und nichts als Kompositeure seien. Gut, aber in der Musik ist's nicht so, und wenn jemand Beethoven spielt, dann wird er seine persönliche Deutung hinzufügen. In der Musik und vor allem im Gesang bedeutet die Interpretation des Komponisten etwas; und wenn es nicht so ist, müßte man nur den Komponisten, der seine eigenen Arbeiten spielt, gelten lassen. Gut, aber besonders, wo ich krank bin, versuche ich, eine Sache zu machen, die mich tröstet, die mich besonders freut. Ich setze das Weiß oder Schwarz Delacroix' oder Millets hinein und stelle mir ihre Arbeiten als Modelle vor die Augen. Und dann improvisiere ich darüber Farben, aber wohlverstanden, ich bin dabei nicht vollständig ich, sondern suche Erinnerungen *an ihre* Bilder zu geben. Aber die Erinnerung, den vagen Zusammenklang der Farbe, die ich im Gefühl habe, gleichgültig, ob sie richtig sind: das ist meine Interpretation.«

»Eine Menge Leute kopieren nicht, andere wieder kopieren. Ich kam durch Zufall darauf, und ich finde, das belehrt einen, und vor allem tröstet es. So schnell gehen meine Pinsel durch meine Finger wie ein Bogen über die Violine hin, und durchaus zu meinem Vergnügen.«

In all dem bereitet sich eine Heimkehr vor. Der Süden hatte zwar Vincents schöpferische Kräfte bis zur Raserei zu entfesseln vermocht, jedoch auf Kosten seiner mentalen Gesundheit. Nun sehnt er sich nach nördlichen Breiten. Seit längerem bewegen ihn Erinnerungen an seine frühe holländische Zeit. Als nächstes Ziel wird auf Anraten Theos das Dorf Auvers-sur-Oise in Aussicht genommen, ein Ort unweit Paris, wo schon Cézanne und Pissarro gemalt haben und der Landarzt Dr. Gachet, ein erklärter Freund der Künstler mit eigenen Erfahrungen im Radieren, bereit ist, dem Rekonvaleszenten beizustehen. Vincent trifft nach einem Kurzbesuch in Paris am 21. Mai 1890 an seinem Bestimmungsort ein und bezieht im Gasthaus Ravoux am Rathausplatz ein billiges Quartier. Zum Landarzt entwickelt sich ein distanziert-freundschaftliches Verhältnis, das dadurch problematisch wird, als Vincent dessen Tochter näherzukommen sucht.

In Auvers nimmt Vincent seine Arbeit sogleich mit unverminderter Produktivität auf. Es entstehen neben Bildnissen – darunter die berühmten des Arztes und dessen Tochter am Klavier – hauptsächlich Landschaften, aber auch Dorfansichten, so die zum Nationalfeiertag bunt beflaggte Bürgermeisterei und die in ihrem inneren Brausen erbebende Kirche. In den Landschaften, besonders bei den unter tief gezogenen Strohdächern halbverborgenen Bauernhäusern, werden Reminiszenzen an Holland wach. Die Figuren sind klein eingefügt und wirken merkwürdig gedunsen und irgendwie »knieweich« – wie jetzt überhaupt die Kurvatur nicht mehr das hochdramatisch Einheitliche aus Saint-Rémy besitzt, dafür etwas unruhig Geknicktes, auch Unruhig-Akzentuiertes. In der Farbe ist Vincent jetzt gedämpft, im Unterschied zu Arles könnte man den Gesamtton wirklich »grau« nennen.

Am 27. Juli, wohl im Vorgefühl einer bevorstehenden neuen Krise, legt Vincent auf freiem Feld mit einem Revolver Hand an sein Leben. Er kann aus eigener Kraft in sein Zimmer zurückkehren, wo er am 29. Juli im Beisein seines telegrafisch herbeigerufenen Bruders stirbt.

Theo, der, nach Emile Bernard, »ins Herz getroffen durch den Selbstmord seines Bruders, dem Wahnsinn verfiel und gelähmt dahinsiechte ...«, starb im Januar 1891. Auf dem Friedhof von Auvers liegen sie Seite an Seite begraben.

»Ich kann im Leben und in der Malerei recht gut ohne den lieben Gott auskommen, aber ich leidender Mensch kann nicht eine Sache, die stärker ist als ich, entbehren, die *mein* wirkliches Leben ist, die Macht zum Schaffen. Da man körperlich um das Schaffen betrogen ist, sucht man Gedanken statt Kinder zu zeugen, und steht trotzdem mitten im Menschlichen.«

»Das ist, das bleibt und das kommt immer wieder für Augenblicke im ganz vollen künstlerischen Schaffen, die Sehnsucht nach dem wahren Leben, dem idealen und nicht verwirklichbaren. Und mitunter wünschen wir nicht mehr, uns voll der Kunst hinzugeben und dafür wieder aufzuleben. Man fühlt sich wie ein Droschkengaul und man weiß, es ist immer noch die gleiche Karre, in die man sich einspannt. Und dann wünscht man nichts mehr von solchen Dingen. Man möchte nur noch auf einem Stück Wiese leben mit etwas Sonne, möchte einen Bach haben und die Gesellschaft anderer Pferde, die auch frei sind, und dann sich fortzeugen.«

Vincent gehört zu jenen, die, mit Flaubert, das Leben nur aussagen, nicht aber besitzen. Und das bleibt ihm

ständig bewußt »auf diesem Planeten, auf dessen Oberfläche die Liebe zur Kunst die wahre Liebe vernichtet«.
Er hatte nie vergessen, daß er aufgebrochen war, ein wahres Leben zu gewinnen oder auch: einen neuen Menschen in einer menschenwürdigen Gesellschaft schaffen zu helfen. Und dazu kann die Kunst nur einen bescheidenen Beitrag liefern. Bis zuletzt hat er sich selber nur als einen Vorbereiter und Vorbedeuter, als Künstler, als einen Wegbereiter, als ein unbedeutendes Glied in einer Kette betrachtet.

»Warum bin ich so wenig Künstler, daß ich immer bedaure, daß Statuen und Gemälde nicht leben.«

Daß sein Künstlerleben ein Ersatzleben oder ein Lebensersatz war, durch Zwänge diktiert, nicht aber das eigentliche, blieb für ihn ebenso bestehen wie seine hohe Verehrung für Christus, diesen größten aller Künstler, wie er sagt, der es verschmähte, in Ton oder Farbe zu arbeiten, dafür aber lebendige Menschen erschuf. »Die Gedanken über Christus... führen sehr weit. Sie lassen uns die Kunst, das Leben zu gestalten, ahnen, die Kunst, unsterblich-lebendig zu sein.«
Das kurze Leben Vincent van Goghs ist die Vita eines Mannes, der die Menschen zu finden und zu verändern träumte und in die Kunst verstoßen wurde.
Was er als Künstler unternimmt, ist lazaronisch und aufsässig-verrückt zugleich. Auferstehung, schreit er unausgesetzt mit seiner Arbeit, auf seinem verlorenen Posten, bis die allem Zusammenhang entfallenen

scheintoten Dinge und Lebewesen sich zu rühren und zu atmen beginnen – wenigstens im Gemälde.
Es ist die Vita eines Mannes, der ein anderes, wahrhaft unsterblich-lebendiges Leben zu erreichen und zu vermitteln träumte, in die Kunst als Notbehelf abgetrieben wurde und, da er seine auf das Immergleiche gerichtete Leidenschaft dort einsetzte, die Kunst revolutionierte, obwohl er das andere meinte.

»Ich scheine mir immer ein Wanderer zu sein, der ein Stück Weges zieht, zu irgendeiner Bestimmung. Wenn ich mir sage, das Gewisse, die Bestimmung, das gibt es gar nicht, so scheint mir das nicht unwahrscheinlich ...«

(1977)

Robert Walsers Poetenleben

Das Ich oder der Held in Robert Walsers Dichtung ist immer der verschwärmte, anscheinend natur- und lebensverliebte, anmutig-höfliche, in zierlichen Wendungen sich bewegende, mitunter kecke, vielleicht auch einmal barsche, aber im Wesensgrund gute und edle Jüngling, eine Art Knappe oder Page, jedenfalls ein Lebenslehrling, immer im Aufbruch: eine Kunstfigur, die untergründig eine Welt heraufbeschwört, die allenfalls in feudalen, wenn nicht paradiesischen Tiefen der Vergangenheit oder des rückwärtsgewandten Traums, der Einbildung, der Literatur zu finden wäre, ganz gewiß aber nicht hier.

Der Mann, der diese Figur dichtet und dichtend am Leben erhält, der Autor, ist ihr denkbar entgegengesetzt, wenigstens im nachjugendlichen Alter: Im Dachstock des Gasthauses Zum Blauen Kreuz in Biel, im Dienstbotentrakt, wohnt in einer Kammer, die nur Bett und Tisch und Schrank, nebst einer Waschkommode und einer an die Wand gehefteten Landkarte enthält, ein kauziger Mann mittleren Alters, der winters, um Heizung zu sparen, in einem ausgedienten Soldatenmantel und in selbstverfertigten Hausschuhen (aus alten Lappen) am Tisch sitzt und schreibt. Nach den Briefen, meist Dankesbriefen, die er an Frau Frieda Mermet, Büglerin in der Lingerie-Abteilung der Heilanstalt Bellelay – seine wichtigste Briefpartnerin und einzige Freundin jener Zeit – richtet, muß man sich das Inventar der Dachkammer noch durch Käse, Wurstbitzen, Speck ergänzt vorstellen, »Liebesgaben«, die er aus Bellelay erhält und auch immer wieder anfordert; die Rede ist auch fortwährend vom Flicken oder Geflickthabenwollen von Hemden, von Socken, die er zum Stopfen an die Freundin wegschickt oder gestopft zurückerhält; und vom Ausbessern von Kleidungsstücken, etwa vom Knöpfeannähen, einer Arbeit, der er sich eigenhändig unterzieht. Das ist die Realität des Dichters Robert Walser in seiner Bieler Zeit, wenigstens das Bild seiner äußeren Existenz; man darf es sich in der Vorstellung erweitern durch die ausgedehnten Spaziergänge, Fußwanderungen, die der Poet zur Entspannung und zum Denken unternimmt, in die Umgebung Biels, ins Seeland oder kreuz und quer durch den Jura, auch einmal bis nach Zürich oder Bern.

Zur Zeit vom *Poetenleben*, einer Sammlung von Prosastücken, die Walser 1917/18 beim Verlag Huber/Frauenfeld erscheinen läßt, ist der Dichter vierzig. Hinter sich hat er eine etwa zehnjährige Epoche als dichtender, andauernd Stellungen und Mietzimmer wechselnder Commis und eine siebenjährige Lebenszeit als (in Literaturkreisen) angesehener, sonst erfolgloser Romancier und freier Schriftsteller in der Weltstadt Berlin. Biel ist seine Vater- und Kindheitsstadt. Er hat sich hierher verkrochen, um die Wunden seiner Mißerfolge in der Welt draußen zu lecken, um sich zu verstecken und um sich zu regenerieren.

»Ich bin vor einiger Zeit aus kalten ungünstigen Verhältnissen, ohne jegliche Zuversicht, ohne Glauben, krank im Innern, gänzlich ohne Zutrauen hieher gekommen. Mit der Welt und mit mir selber war ich verfeindet, entfremdet. Mißtrauen und Ängstlichkeit begleiteten jeden meiner Schritte. Stück um Stück verlor ich dann das traurige, aus allerlei Beengung stammende unedle Vorurteil, atmete wieder leichter...«[1]

Leute, die ihn damals getroffen haben, zeichnen ein Dichterbild, das denkbar wenig mit dem hölderlinschönen Jüngling seiner Imagination zu tun hat. Sie trafen einen rüden Mann bestandenen Alters, einen Junggesellen, Arbeiter- oder Handwerkertyp, hätte man angenommen, in zusammengeflickter Kleidung; einen ärmlichen Menschen mit struppig-rötlichem Haar, rötlich-blondem Schnurrbart, rundschädelig-derb, ein vom Blitz gespaltenes Kindergesicht, hält Seelig später fest, mit rosigen Backen. Die groben roten Hände notieren sowohl der Lehrer-Schriftsteller Emil Schibli (der ihm damals einen Bewundererbesuch abgestattet hat) wie der Maler Ernst Morgenthaler, der ihn wenige Jahre später in Zürich beherbergt hat. Im Benehmen muß das Unruhig-Mißtrauische, Ruppige, auch witternd Scheue aufgefallen sein.

»Sein Äußeres erzählte von seinen zarten inneren Ansprüchen nicht das Geringste. Sein Auftreten ließ keinerlei edleres Menschentum erkennen.«[2]

Ein Sonderling, scheu, mißtrauisch, ab-geneigt, kontaktscheu bis grob, verwahrlost, Randexistenz, Vagant, Vagabund... Und dabei dieses »Prosastückli-

1 *Der Spaziergang*

2 *Der Arbeiter (Poetenleben)*

geschäft« (wie er es Frau Mermet gegenüber nennt) betreibend, stetig und fleißig wie ein angestellter Schreiberling in einer öffentlichen Schreibstube. Und die Produkte des Fleißes überall anbietend und vertreibend, an immerhin viele führende Zeitungen und hochangesehene literarische Zeitschriften des ganzen deutschsprachigen Raums inklusive Prag. Und dieses Feuilletons-Verfassen nimmt zunehmend die Züge eines baren Überlebenskampfes an. Ja, er schreibt ums Überleben, ein freier Schriftsteller in der vollen Bedeutung des Wortes, aber ganz und gar außerhalb des Literatur- und Kulturbetriebs lebend, beinah so etwas wie ein Naiver, fast auch eine Art Verrückter, noch vor seiner Einlieferung in die Anstalt. Und dieses Rückzugsgeschäft, das dann in der Folge immer hektischere, geradezu manische Züge annimmt, ein Schreiben ums Überleben, ist von Angst umstellt und von Angst unterhöhlt. Ein Grund des Aufhörens: der Stoff sei ihm ausgegangen, er sei zuletzt ausgebrannt gewesen wie ein Ofen. Aber auch: Angstzustände. Er hört Stimmen (es sind zum Schluß die Stimmen zweier Menschen, die sich über ihn unterhalten), er hat außerdem optische Zwangsvorstellungen, Verfolgungswahn. Doch das ist vorgegriffen. An die Bieler Epoche wird sich noch eine achtjährige Berner Zeit anschließen, bis zum endgültigen Aufgeben, bis er aus der Irrenanstalt »Waldau« bei Bern an die Schwester Lisa schreibt:

»Angstzustände habe ich hier in der Anstalt keine, was ich sehr gut zu begreifen vermag, denn hier schriftstellere ich vorläufig nicht mehr, und ich neige jetzt zur Annahme, daß die Angst, von der ich mit

Dir und der so außerordentlich freundlichen Fräulein Häberlin sprach, aus einer Schaffenskrisis und aus dem kontinuierlichen Mit-mir-Alleinsein stammte, wobei ich mich ebensogut täuschen als womit ich recht haben kann.«
Zur Situation dieser Sonderlingsexistenz, zur Situation dieses wahrhaft »freien« Poetenlebens, gehört auch die Besitzlosigkeit: da sind weder Möbel, noch auch nur nennenswerte Garderobe, nicht einmal Bücher, die bei all den Zimmerwechseln mitgenommen werden müßten, keine eigentlichen »persönlichen Effekten«. Walser ist besitzlos wie ein Clochard. Er ist schon von daher der prädestinierte »Fall« für ein Heim. Weder Besitz noch Bindung.

Man muß sich das richtig vergegenwärtigen. Beim jungen Walser, beim ewig stellenwechselnden dichtenden Commis und Wanderburschen, fällt die Gepäcklosigkeit noch nicht sonderlich auf, aber beim »reifen« Manne, beim Vierzig-, Fünfzigjährigen? Freie Schriftsteller haben in der Regel wenn nicht eine Frau oder sonstigen familiären Anhang, so doch einen bestimmten »Hintergrund«, irgendwelche Zugehörigkeiten, auch Belastungen. Walser gehört nicht einmal einem bestimmten Milieu zu. Andere haben Zugehörigkeiten, zu einem bestimmten Berufsstand zum Beispiel (den sie abgelegt haben mögen), zu einer sozialen Gruppe, einer gesellschaftlichen oder bildungsmäßigen Schicht. Aber dieser Walser – er ist mit vierzehn von der (Sekundar-)Schule abgegangen, hat eine Banklehre gemacht, doch das war reiner Zufall, es empfahl sich von seiner wunderschönen geradezu kalligraphischen Handschrift her, er hätte ebensogut eine andere Lehre »spielen« können. Und die vielen Stellungen, die er in kaufmännischen und anderen Betrieben innehatte, oft nur wenige Wochen lang (um sich danach mit dem Verdienten in allerlei Dichterstübchen der »holden Kunst« zu widmen), hat er auch mehr lebensneugierig und rollenhaft eingenommen als im Sinne einer echten Berufsausübung. Er hat sich immer aus allem ausgenommen und herausgehalten. Er hat nicht nur keinen Besitz, sondern auch keine eigentliche Vergangenheit oder Lebensgeschichte gebildet, nur Vorläufigkeit. Die Bücher lieh er sich von Leihbibliotheken, oder er kaufte sich Literatur als Reclamheftchen. Er war in Theatern, Vorträgen, Wirtshäusern, Stellungen, auf Landstraßen – unterwegs als Passant.

Weder Besitz noch Familie, noch Bildung im Sinne eines Bildungsabschlusses oder gar zielgerichteten Studiums; keiner definierbaren sozialen Schicht, geschweige denn politischen Gruppierung zugehörig. Er ist zuletzt ein aus allem Herausgefallener, Abgesonderter. Ein Sonderfall.

Auch als Schriftsteller schwer einzuordnen. Er hat eigentlich mehr Sprache oder Schreibe als Themen und Gegenstände. Kein »Fach« –

»Ich bin zu faul, etwas zu ersinnen. Und was könnte das auch sein? Ich schreibe über alles gleich gern. Mich reizt nicht das Suchen eines bestimmten Stoffes, sondern das Aussuchen feiner, schöner Worte. Ich kann aus einer Idee zehn, ja hundert Ideen bilden, aber mir fällt keine Grundidee ein. Was weiß ich, ich schreibe, weil ich es hübsch finde, so die Zeilen mit zierlichen Buchstaben auszufüllen. Das ›Was‹ ist mir vollständig gleichgültig...«[3]

»Vielleicht bin ich ein dichtender Schauspieler oder ein Sänger ohne Stimme oder ein Redner, dem jedes Rednertalent fehlt.«[4]

»Ich habe die Absicht, mit Worten zu tanzen.«[5]

Er ist, mit vierzig, eine Art in die Jahre gekommener Jüngling, immer noch, aber jetzt als schreibender Zimmerherr. Ein absonderlicher Junggeselle als Stubenschreiber. Asozial. Ja, er war wirklich nicht mehr gesellschaftsfähig, und das hat ihn wohl auch mit seinem Bruder Karl auseinandergebracht, der sich sein Fach (als Bühnenbildner, Wandmaler, Illustrator), seinen Rang, seine soziale Stellung erobert und errungen hatte. Der Bruder Karl hatte sich etabliert, auch verheiratet, während Robert immer asozialer wurde. Als solcher wurde er schließlich auch in den Augen Karls nicht mehr recht tragbar (während in den Augen Roberts der Malerbruder in dem Grade, als er sich etablierte, vor allem aber, nachdem er sich verheiratet hatte, zu einer Art Verräter geworden sein dürfte). Robert ist der reine Nicht-Integrierte. Beruf? Feuilletonist, wenigstens nach Maßgabe der Waren, die er herstellte und vertrieb. Er betrieb sein »Prosastückligeschäft«, wenn er andererseits seine Prosastücke auch als Kapitelchen eines endlosen handlungsarmen (autobiographischen) Romans verstand und vielfach Dichtungen nannte.

3 *Fritz Kochers Aufsätze*

4 *Kleine Tragödie*

5 Vgl. Carl Seelig in: *Die Welt von Robert Walser,* Offizin Gebr. Fretz 1961.

Doch zurück zum *Poetenleben.*

Die Prosastücke im Buch *Poetenleben,* geschrieben von eben diesem Sonderling in einer Dachkammer im Dienstbotentrakt des Hotels zum Blauen Kreuz in Biel, in einer Lebenssituation, die die Briefe als eine Situation weitgehender Notdurft ausweisen; in einer existentiellen Situation, die ein Extrem an Ver-einzelung, Einsamkeit erreicht haben dürfte, zudem mitten in der Zeit des Ersten Weltkriegs, diese Prosastücke haben die denkbar belanglosesten Begebenheiten zum Gegenstand: Wandererlebnisse, einige Skizzen, die das Untermieter- oder Zimmerherrndasein aufgreifen, zwei (märchenhafte) Frauenbegegnungen, zwei imaginäre Lebensläufe oder Schicksale en miniature (darunter *Hölderlin*), ein als *Poetenleben* deklariertes und fast im Sinne eines Steckbriefs verklausuliertes Curriculum vitae … Die meisten gehen sie auf Autobiographisches zurück, und zwar mit Vorliebe auf solches aus Walsers frühester, seiner Jünglingszeit. So wird etwa die Fußwanderung zu Dauthendey nach Würzburg und eine andere ins Emmental, ins Heimatdorf seiner Mutter zu Verwandtenbesuch, zum Ausgangspunkt genommen, auch der Besuch bei Widmann in Bern, der bekanntlich den damals kaum zwanzigjährigen Poeten als erster in der Sonntagsbeilage des BUND abgedruckt hat; auch Walsers Gastspiel als Diener auf einem schlesischen Schloß u. a. m.

Da wird insgesamt aufreizend wenig Handfestes, wenig Handlung geboten, von einem Erzählen kann keine Rede sein. Es wird weniger eine Reise geschildert, weniger auf Schilderung abgezielt als auf das

unwiederbringliche Lebensgefühl des ungebundenen Wanderburschen von damals. Die Verwirklichung dieses Vorhabens geschieht auf raffiniert-naive Weise: durch Transposition der eigenen Person und Erfahrung in eine altmodische Ferne, durch ein Wegstilisieren des Ichs oder Protagonisten in eine vor lauter Vergangenheit gewissermaßen statisch erscheinende, fast signethafte Romantik und romantische Attitüde.
Es ist insgesamt mehr Gestik, Benehmen in diesen Prosatexten, mehr Posieren und Pose eines Naturtrunkenen festgehalten als das Naturgefühl selber. Eine Art Erinnerung an eine Erinnerung ist es.
Walsers Sehnsucht nach Schönheit und ausmalenswerter Holdheit des Lebens scheint unstillbar. O diese Sehnsucht nach Größe und Großartigem, Heroen und heroischen Begebenheiten, nach Anbetungswürdigem, Ikonengegenständen, nach Halt. Er macht daraus eine literarische Lebensaufgabe: als Page, Gehülfe, als Mitläufer, als ungemein beschäftigter Berichterstatter wohlwollender Leserschaften. Diese Prosa könnte man eine Mitläuferprosa nennen. Der Mitläufer Walser macht immerfort Anleihen – bei historischen oder eingebildeten Schönheiten, Persönlichkeiten, Wichtigkeiten; und Stilgebärden. Er nimmt immer eine Rolle an. Er spricht über Großes und Kleines, Vergangenes und Alltägliches in der gleichen Berichterstattermanier, als könne das Publikum diese Mitteilungen kaum erwarten. Er setzt sich immer in Positur, und er spricht immer, auch bei noch so entlegenen (z. B. historischen) Ereignissen, als ob er dabeigewesen wäre; aus einer scheinbar naiven Identifikation mit dem Gegenstand. Er täuscht

gerne vor, sich eines Auftrags entledigen, eine verlangte Rechenschaft ablegen zu müssen. Er gibt sich immer eine aktuelle Note.

Zu diesem Rollengebaren gehört das Ovationenerweisen. Der Redner kann sich nicht genugtun im Schöntun, manierlichem Tänzeln und Verbeugen. Das Huldigen oder Ovationenerweisen geschieht immer aus der Schüler-, Zöglings-, Adlaten- oder Gehülfenperspektive. Von unten. Also gehört zu diesem Stil das Klima einer pubertär ahnungsvollen Lebensstufe – oder der (Lebens)ausgeschlossenheit. Es gehört die Betonung eigener Nichtigkeit, die Selbstverleugnung dazu: das Sich-klein-Machen. Und eine entsprechende Beflissenheit, Commis-Beflissenheit z. B. (gerne bedient sich der Autor auch floskelreicher Wendungen aus der kommerziellen Sphäre, um eine geschäftsmäßige Agilität vorzutäuschen). Schwärmer- und Beflissenheitspose gehn ineinander über. Aus dieser Haltung erklärt sich auch die Manie, alles zu verniedlichen oder auch bombastisch aufbauschen zu wollen, erklären sich die scheinbare Unentschiedenheit und das Tasten im Ausdruck: Höflichkeit. Lieber viel zu viele Benennungen aufmarschieren lassen als durch Knausrigkeit oder simple Eindeutigkeit verletzen, gar beleidigen. Aber da dieses Stilisieren und Posieren, dieses andauernde Höflichsein so minutiös durchgeführt wird, mit skrupulöser Genauigkeit und einer Todesangst (gewissermaßen), etwas übersehen und auslassen zu können, ergibt sich eine ungeheure Distanz zum Beschriebenen. Und dann: die Positur und Rolle kann ja doch nicht hauteng passen oder wird lästig; plötzlich kommt Unwille auf

unter der Verkleidung, und der anwesende Schauspieler meldet sich mit eigener Stimme und unterbricht barsch den Text, den er aufsagt. Zum schnörkelreichen Vortragen gehört das Aufmucken und Genughaben. Das Adieusagen.
All diese Ernüchterungen, die unerwarteten Brüche, realistischen Einbrüche, auch Kratzbürstigkeiten, das Lachen über sich, den Vortragenden selbst, kurz: die dauernden Störungen der Illusion machen, daß der hinter alldem verborgene Sprecher und Autor unglaublich leibhaftig wird.
Das ist also ein Schönfärben, Schnörkeln und Höflichsein und damit ein vielfaches Verfremden, Relativieren, Distanzieren, Ironisieren: Kaschieren. Und alles immer auf diesen altmodischen Grundklang »edel – gut – schön« gestimmt. Und dabei oder besser auf Grund und als Funktion solch komplizierten Verhaltens bleibt beim gründlich verwirrten, strapazierten, also wohl auf berechnete Weise präparierten Leser die Ahnung einer Menschenspur haften, einer Existenzspur, der Duft einer solchen, nicht viel mehr, ein Körnchen Legendengold... Es steckt eine Methode wahnsinnig indirekter Konfession in diesem Gebaren.
»Es lag etwas Suggestives in Walsers Art, seine eigentümlichen Gedanken so ohne Hast und Nachdruck fast wie sanft gleitende Billardbälle auf grünem Tisch hervorrollen zu lassen. Und ein Traumzauber umfing den Leser mit der Ahnung von etwas ganz nahe Vorbeigeschwebtem sehr Schönem.«[6]

6 J.V. Widmann über *Fritz Kochers Aufsätze* im: BUND

Walsers Sprachstil pendelt zwischen Poesiemachen und Negation der Poesie. Und der ganze Sprachtanz dient nichts anderem als der Aufstellung einer *Figur*. Diese Figur ist von einer hinreißenden Keckheit, Einmaligkeit, Kostbarkeit und – Hoffnungslosigkeit. Sie ist nicht von dieser Welt und doch in ihr. Sie ist ganz – Seele? Sie ist der Prinz, der auszieht, das Fürchten zu lernen. Sie ist der Märchenprinz, der unaufhörlich loszieht, eine im Dornröschenschlaf erkaltete, erschlaffte Welt wachzuküssen, ein kindlicher Erlöser. Die von ihr aufrechterhaltene Illusion, der von ihr geträumte Lebenstraum kontrastierten so radikal zu jeder herrschenden Wirklichkeit, daß der Leser dem träumenden Adoranten immerfort zurufen möchte: erwache! Aber er wagt es nicht, noch der ärgste Grobian hält sich zurück, den mit so reinen Waffen und Zielen antretenden kindhaften Kreuzritter und Salvator in die Wirklichkeit zurückzurufen. Das Erwachen wäre Ernüchterung und diese tödlich.

»Walsers Figuren? ... Sie kommen aus der Nacht, wo sie am schwärzesten ist, einer venezianischen, wenn man will, von dürftigen Lampions der Hoffnung erhellten, mit etwas Festglanz im Auge, aber verstört und zum Weinen traurig ...«[7]

Walser ist auf diese Figur (diesen Jüngling und dessen Seelenzustand und Thematik) fixiert, er ist ihr verhaftet geblieben, unentrinnbar. Er scheint – wenigstens nach Maßgabe seiner Schriften – darüber hinaus keine Erfahrungen gemacht zu haben, keine nennenswer-

7 Walter Benjamin 1929

ten, literaturwürdigen zumindest. Er hat sich ja auch im Leben merkwürdig keusch verhalten, nie sich einer Frau verbunden, auch nie sich körperlich mit einer vereinigt, wird angenommen – die einzige weibliche Person, die als Empfängerin von Liebesgefühlen in Frage kommt, ist die Schwester Lisa. Er hat sich zu allem in einer schwärmenden Pagendistanz gehalten, hat sich nirgends eingelassen, nirgends eingebürgert. Er hat sich nicht eigentlich verleiblicht in diesem Leben, verharrte immer in einem ahnungsvollen Vorzimmer, und all das fast bis zum Grade des Ungeborenseinwollens. Er ist dem Leben gegenüber SEELE geblieben, Jünglingsseele: weil in diesem Zustand die Herausforderung, die Motivation für sein Dichtertum lag (Die Quelle)?

»Ja, diese frühe Zeit war schön. Ich war ganz innerlich; lebte fast nur mit Geist und Gehirn. Trotzdem, oder vielleicht gerade darum hatte alles Äußere einen durchweg fröhlichen Klang... Ich verglich mich oft mit jungen Mädchen, die immerdar sehnsüchtig sind. Mitunter lag ich auf dem Bett ausgestreckt wie ein Kranker. Ich hatte Hunderte von sonderbaren Trieben.«[8]

»Was ich sann und dachte, war schön: jeder geringe Gedanke machte mich froh. Oft war ich gedankenlos, und auch hierin lag etwas Schönes. Da ich stellenlos war, so schrieb ich Offerten an Handelshäuser und hatte auch daran eine geheime Freude. Alles freute mich... Jeder Schritt war ein Genuß, jedes Wort ein Vergnügen. Oh, wie ich an der Welt hing und das

8 *Aus meiner Jugend*

Leben mit einemmal frischweg liebte und nichts aus der Liebe herausstieß, sondern alles, ohne Ausnahme, willkommen nannte! Ja, da stand und ging ich wie einer, der sagen durfte, er schwelge.«[9]

»Vielleicht fing ich an zu dichten, weil ich arm war und einer Nebenbeschäftigung bedurfte, damit ich mich reicher fühlte. Unruhe und Ungewißheit und das Ahnen eines eigentümlichen Schicksals mögen mich veranlaßt haben, in der Abgelegenheit zur Feder zu greifen, um zu versuchen mich abzuspiegeln.«[10]

»Eines Tages wird von meinem Wesen und Beginnen irgend ein Duft ausgehen, ich werde Blüte sein und ein wenig, wie zu meinem eigenen Vergnügen, duften, und dann werde ich den Kopf neigen. Die Arme und Beine werden mir seltsam erschlaffen, der Geist, der Stolz, der Charakter, alles wird brechen und welken, und ich werde tot sein, nicht wirklich tot, nur so auf eine gewisse Art tot, und dann werde ich vielleicht sechzig Jahre so dahinleben und – sterben.«[11]

»Wissen Sie, warum ich als Schriftsteller nicht hochgekommen bin? Ich will es Ihnen sagen: ich besaß zu wenig gesellschaftlichen Instinkt. Ich habe der Gesellschaft zuliebe zu wenig geschauspielert... Ich ließ mich zu meinem persönlichen Plaisir gar zu viel gehen. Ja, es ist wahr, ich hatte Anlagen, eine Art Stromer zu werden und wehrte mich dagegen kaum. Die-

9 *Die Gedichte* II
10 *Aus meiner Jugend*
11 *Jakob von Gunten*

ses Subjektive hat die Leser der *Geschwister Tanner* verärgert. Nach ihrer Ansicht darf sich der Schriftsteller nicht im Subjektiven verlieren. Sie empfinden es als Anmaßung, das eigene Ich so wichtig zu nehmen. Wie falsch handelt also der Dichter, wenn er annimmt, die Mitwelt interessiere sich für seine Privatangelegenheiten. Schon mein literarisches Début mußte den Eindruck erwecken, als mopse ich mich über die guten Bürger, als nehme ich sie nicht für ganz vollwertig. Das haben sie mir nie vergessen. Darum blieb ich für sie immer eine dicke Null, ein Galgenstrick. Ich hätte ein wenig Liebe und Trauer, ein wenig Ernst und Beifall in meine Bücher mischen sollen – auch ein wenig Edelromantik, wie es Hermann Hesse in *Peter Camenzind* und im *Knulp* getan hat...«

»Wenn ich nochmals von vorn beginnen könnte, würde ich mich bemühen, das Subjektive konsequent auszuschalten und so zu schreiben, daß es dem Volk wohltut. Ich habe mich zu sehr emanzipiert. Man darf um das Volk keinen Bogen schlagen. Als Beispiel würde mir die entsetzliche Schönheit des *Grünen Heinrich* vor den Augen stehen...«

Das sind Aussagen aus den Jahren 1943 und 1944, aus Walsers Zeit in Herisau. Carl Seelig hat sie in seinen *Wanderungen mit Robert Walser* überliefert. Walser ist zu der Zeit sechsundsechzig, Insasse der Heil- und Pflegeanstalt (für Geisteskranke) in Herisau, dem Hauptort seines Heimatkantons in Appenzell/Außerrhoden, und diese Station ist die längste seines Lebens geworden – er blieb 23 Jahre: die Endstation. Vorbei ist es mit den Zimmerwechseln, dem andauernden Herumziehen, dem unsteten Leben, der Unruhe. Vorbei auch mit dem Dichten. Walser lebt jetzt nicht nur ein seßhaftes, sondern auch ein geregeltes Leben. Vormittags hilft er den Pflegerinnen beim Zimmer- und Bettenmachen, nachmittags klebt er zusammen mit den anderen Insassen Papiersäcke oder er hilft Bohnen, Linsen, Kastanien sortieren. Das einzige, was an sein früheres Leben, an das Poetenleben, erinnert, sind die Spaziergänge. Nach wie vor unternimmt er in seiner freien Zeit kleinere bis ausgedehnte Spaziergänge, darunter stundenlange Fußwanderungen, letztere mit Sondergenehmigung und auf Veranlassung und in Begleitung seines Vormunds Carl Seelig. Außerdem liest er, in alten Zeitschriften mit Vorliebe, auch Bücher, eher solche leichteren und populäreren Charakters, vereinzelt aber auch noch anspruchsvolle Werke der Weltliteratur. Nur geschrieben hat er keine Zeile mehr, und die paar Postkarten oder Brieflein vom Anstaltsinsassen sind spröd und rein »geschäftlich«.

Er ist als Schizophrener registriert und interniert, wenn sich der Laie auch nur schwer vorstellen kann, daß ein Geisteskranker so zu argumentieren verstehe, wie Seelig den Gesprächspartner in seinen *Wanderungen* zitiert. Die neueste Walser-Forschung nimmt denn auch an, Walsers Krankheit sei keine endogene Form der Schizophrenie gewesen, sondern vielmehr die letzte Erscheinungsform der sozialen Entfremdung eines Künstlers.[12]

12 Urs Herzog: *Robert Walsers Poetik*. Literatur und soziale Entfremdung

Walser hat jetzt ein festes Domizil, fast eine Heimat und, ja, gewissermaßen auch eine neue Identität gefunden in dieser Anstalt und Anstaltsinsassenexistenz. Er ist jetzt wirklich so etwas wie ein Dienstmädchen geworden, er ist »versimpelt«, und er scheint nicht ganz unglücklich zu sein in dieser neuen Existenz und Identität, schon nur darum, weil er von den Angstzuständen und Stimmen befreit ist. Er will jedenfalls nicht mehr hinaus in die »Freiheit«, das geht aus Seeligs Aufzeichnungen deutlich hervor, in welchen uns im übrigen – streckenweise – ein verblüffend heiterer, gelassener, munterer, ja mutwilliger und souveräner Walser entgegentritt. Eine mündliche Bemerkung über Hölderlin vom 16. Mai 1943: »Ich bin überzeugt, daß Hölderlin die letzten dreißig Jahre seines Lebens gar nicht so unglücklich war, wie es die Literaturprofessoren ausmalen. In einem bescheidenen Winkel dahinträumen zu können, ohne beständig Ansprüche erfüllen zu müssen, ist bestimmt kein Martyrium. Die Leute machen nur eines daraus,« dürfte auch auf ihn selber bezogen und gemünzt sein. In einem Punkt allerdings läßt er nicht mit sich reden, nämlich darin, daß er als Schriftsteller gescheitert sei, daß er versagt habe. In diesem Punkt ist er unnachgiebig. Dieses Vorleben soll ausgelöscht bleiben, so wie er sich selber als Dichter ausgelöscht sehen will.
Man kann sagen: Walser ist (in der Anstalt) *angekommen*. Ganz unten. Der Abstieg war ja immer schon intendiert und in vielen Formen und Wunschbildern formuliert, wie ja auch das »Versimpeln« vorgeahnt, wenn nicht sogar herbeigesehnt war, schon in frühester Zeit.

»Nur nicht denken. Liebe Lisa, das ist die größte Sünde, die es gibt. Lieber liederlich, als traurig sein. Gott haßt die Traurigen. Doch es geht alles so schnell vorwärts. Man stirbt so schnell. Versimple nur. Es ist etwas Herrliches um's Versimpeln. Aber man muß es eigentlich nicht tun wollen, es macht sich von selbst...«[13]
Die Vision des Abstiegs ist eine beherrschende Vision und geradezu eine Konstante in Robert Walsers Leben und Werk, von allem Anfang an. Sie drückt sich in den vielen Formen gedachter und praktizierter Selbsterniedrigung aus: in all den Varianten, die mit dem *Dienen* zusammenhängen etwa (vom Damenschuhe und -stiefelchen putzenden Dienstmädchen bis zum Lampenmetall polierenden Schloßdiener), wobei beim Dienen ein Aspekt der Erlösung und Befreiung mitschwingt; über alle möglichen Varianten des Sich-klein-Machens, Verkleinerns bis zur (masochistisch zu nennenden) Tendenz zur Selbstbestrafung, Selbsterniedrigung, Selbstauslöschung; wobei diese Tendenz mit einem tiefsitzenden Schuldgefühl zusammengehen muß. Mit einem – sozial – schlechten Gewissen?
In der zitierten Aussage des Anstaltsinsassen über sein Versagen als Dichter ist davon die Rede, daß er sich von der Gesellschaft zu sehr emanzipiert habe. Er wirft sich das Subjektive vor. Das Subjektive hat die Leser verärgert. Der Schriftsteller darf sich nicht im Subjektiven verlieren. Die Leute empfinden es als Anmaßung, wenn der Dichter das eigene Ich so wichtig

13 Brief an Lisa, Zürich 1902/03

nimmt. Darum blieb Walser eine dicke Null. Er würde, sagt er, falls er von vorne begänne, das Subjektive konsequent ausschalten und für das Volk oder volksgefällig schreiben. Da er das unterließ, ist er gescheitert. Er hat versagt. Er will von seiner diesbezüglichen Vergangenheit und Vergangenheitsperson nichts mehr wissen. Beides ist ausgelöscht und soll es bleiben.

Hängt also das Schuldgefühl mit der dichterischen Selbstüberhebung und Ver-einzelung zusammen, mit der Emanzipation (vom Volk)? Und wäre alles, was mit dem Dienen, Sich-klein-Machen (bis zur Selbstauslöschung) zu tun hat, untergründig ein Versuch zur Aufhebung der Schuld? Schämt er sich dafür, daß er als der äußerliche und innerliche Spaziergänger, Müßiggänger, Taugenichts und Randgänger, als der *Außenseiter*, der er ist, sich von der Gesellschaft absondert, als Individuum vereinzelt? Schämt er sich für dieses Schweben im Leben, das er als Poet praktiziert, für diese – subjektivistische – Realitätsflucht?

War sein andauerndes Umfärben, Kaschieren, Verzaubern einer an sich unerträglichen nackten Wirklichkeit in eine schöne Un-wirklichkeit etwas Schuldhaftes, weil Asoziales? Hat er sich mit der Leugnung der nackten Wirklichkeit und seiner Selbstverweigerung (mit diesem Kampf gegen die Ernüchterung) ein verbotenes Vorrecht eingeräumt, hat er eine strafenswerte Ausnahme statuiert?

»Doch müssen nicht die Andern / Auch lieblos durch das lange Leben wandern? / Was fiel mir schönheitstrunkner Seele ein?«[14]

14 *Was fiel mir ein* (Gedichte)

Sieht er es rückwärts blickend als Schuld an, daß er als Poet immer ein doppeltes Leben geführt hat?
»Auf gleichsam dunkelhellen, frohen, nachdenklichen Wegen ging er neben dem zierlichen Leben ruhig und still dahin. Seine bescheidene Lage pries er … Ein Buch bedeutete für ihn ein wochen-, oft monatelanges natürliches Glück. Geister und Gedanken schlossen sich, fast wie gutherzige Frauen, freundschaftlich an ihn an. Er lebte mehr im Geiste als in der Welt: Er lebte ein doppeltes Leben.
Still, wie ein Soldat, lebte er; weniger für sich als für irgend etwas anderes, er wußte nicht deutlich für was; aber es genügte ihm, zu fühlen, daß es ihn sanft in eine Hohheit emporriß … Was seine sozialpolitische Meinung betrifft, so war er zu allein, um so etwas haben zu können. Auch brauchte er das nicht …«[15]
Dieser Mann, er heißt bei Walser merkwürdigerweise »Der Arbeiter«, gibt in dem gleichnamigen Prosastück in zwei eigenen (naiven) Prosa-Stückchen kund, was das Hohe ist, das ihn emporreißt. Es ist der Traum von einem anderen Leben, einer anderen Menschenwelt, wo Güte, Anstand, Anteilnahme, gute Sitte herrschen; Gleichheit, Freundlichkeit, Freundschaft und – Muße; Ruhe, Friede, keine Hast. Dieser Arbeiter träumt den Traum von einer anderen – besseren – Welt.
Robert Walser, Inhaber und Autor eines abseitigen und einmaligen *Poetenlebens,* ein »Untergrunddichter«, würde man heute sagen, der seine Dichtungen in Feuilletons versteckt und sich und seine Vision in

15 *Der Arbeiter (Poetenleben)*

einem hochkomplizierten artistischen Versteckspielen verschleiert; abseits und in Opposition lebend zur etablierten großen Literatur seiner Zeit, abseits auch vom Kulturbetrieb; ein Mansardenschreiber im Dienstbotentrakt des Hotels zum Blauen Kreuz in Biel, und danach in vielen anderen Untermieten in Bern, wo er eine asoziale Junggesellenexistenz führte, dieser große Poet lebte wahrhaft ein doppeltes Leben.

Walser nährt und wärmt in sich einen Schönheits- und Freiheitstraum, den Traum einer anderen, besseren Menschenwelt. Er ist nicht fähig, von diesem Traum abzurücken. Er muß ihn alltäglich auf seinen Spaziergängen neu erfinden und abmalen. Glaubhaft ist dieser Traum aber nur in den Worten eines noch reinen Lebensanwärters, darum muß sich Walser immer in diese frühe Lebensgestalt zurückverwandeln, wenn er schreibt. »Geboren, um in Träumen und Einbildungen zu schweifen und am Halse der Natur zu hängen«[16], dichtet er den vom Leben unbefleckten Dichterjüngling immer weiter, in immer gefährlicherer Spannung zu seiner äußeren (oder unteren) wirklichen Existenz.

Einer, der ununterbrochen wiederherstellen muß, die Illusion (des Beginns) wiederherstellen muß, um der Ernüchterung zu entgehen, weil diese für den Poeten Walser tödlich sein müßte. Aber die mit zunehmend größerer Anstrengung immer neu erzeugte Illusion ist vom immer älter Werdenden schließlich nicht mehr herzustellen, der Stoff sei ihm ausgegangen, er

16 *Hölderlin*

sei zuletzt ausgebrannt gewesen wie ein Ofen, sagt er zu Seelig, was auch heißen mag, die Identifizierung mit der eigenen Jugendfigur sei nicht mehr möglich gewesen. Da bricht der andere, dauernd in Schach gehaltene Walser durch und greift nach ihm mit seiner anderen Realität –

Walser vermochte sein mittleres und späteres Alter mit Identität nicht mehr zu erreichen. Aber gegen das Reifsein, das er »als den Zustand vor der Fäulnis«[17] immer geflohen hatte, sträubte er sich nach wie vor. Das in der Außenwelt existierende, das profane Ich hatte er in einem lange schon eingeleiteten (sozialen) Abstiegsprozeß immer stärker verleugnet und gewissermaßen abmagern lassen, es schien keine nennenswerte Rolle mehr zu spielen, es war »so schön beiseit«, schon fast ausgelöscht. Aber die Zimmer, die er fortan immer häufiger wechselte, die »Tatorte«, wurden ihm zusehends unheimlicher. All das Verheimlichte, Unterdrückte, und mit diesem die Angst, erwachte in Stimmen, hörbaren, ihn verfolgenden Stimmen, gegen ihn. Er schreibt immer manischer dagegen an, um die sich mehrenden Stimmen und Ängste abzudecken, zu verstecken, diese andere Realität, die sich lauter und lauter meldet. »Indem ich schreibe, tapeziere ich.«[18] Er muß immer mehr tapezieren. Er hält den Kampf gegen die Ernüchterung nach Biel noch an die zehn Jahre durch, in einer gefährlich gesteigerten Produktivität, nicht nur in mate-

17 *Hamlet-Essay*

18 Vgl. Carl Seelig in: *Die Welt von Robert Walser*, Offizin Gebr. Fretz 1961.

rieller, auch in psychischer Hinsicht wahrhaft ums Leben schreibend.
Bis ihn Lisa, die Lieblingsschwester, in die Berner Irrenanstalt »Waldau« einliefert, ihr hat er die Entscheidung überlassen. In der allgemeinen Abteilung, in einem vom Wärter auch nachts überwachten Schlafsaal, bleiben die Stimmen aus. Er weigert sich, von der allgemeinen auf die private Abteilung (in ein Einzelzimmer) versetzt zu werden. Aus der »Waldau« schreibt er an die junge Brieffreundin Therese Breitbach:
»Meine Krankheit ist eine Kopfkrankheit, die schwer zu definieren ist. Sie soll unheilbar sein, aber sie hindert mich nicht zu denken, an was ich Lust habe oder zu rechnen oder zu schreiben oder höflich mit den Leuten zu sein oder die Dinge wie z. B. ein gutes Essen u. s. w. zu konstatieren.«
In einem Punkt hat er sich allerdings getäuscht: die Krankheit sollte ihn, noch nicht in der »Waldau«, wo er zunächst weiterproduzierte, aber später, in seinem mehr als zwanzig Jahre dauernden Überleben in Herisau, sprachlos, stumm werden lassen. Den Grund hatte er in einem seiner letzten Gedichte definiert:

»Was fiel mir ein?

...Wie kühl ist mit der Zeit das Herz
Mir geworden. Habe ich den Schmerz vergessen,
Der eigentlich das Sonnigste des Lebens ist,
Woran ich mich erquickte, wie ich noch an
Keinem Vergnügen hing? Wann ging die feine
  Stäubung

Dem Schmetterling in mir verloren?
Wann fing es an, wann, wo begann, was mich
Entfärbte? Weshalb war's mir eines Tages nicht
Mehr möglich, süß um sie zu sterben, so
Wie Liebende den blumenduftenden
Tod verstehen? Sieht für mich nun alles
Wie entzaubert aus? Doch müssen nicht die Andern
Auch lieblos durch das lange Leben wandern?
Was fiel mir schönheitstrunkner Seele ein?«

(1978)

Versuch über das Sehen

Ich konnte lange nicht *sehen*, weil sich mir alles in Stimmungen verwandelte, in Gefühle, ich war randvoll von Gefühlen, denen es nachzuhängen galt, ich konnte nie Schritt halten mit ihnen, war immer im Nachgenuß; ich kam nie hinaus aus mir, nie zu Dingen, Gegenständen, nie zu einer ernsthaften Befassung mit etwas, geschweige denn mit Menschen, kam nie ins Freie. Ich war gefangen in diesem fragwürdigen Innenraum, ein Ich-Gefangener, gefangen im Innenraum des Ichs.

Ich lebte in Stimmungen, aber die Stimmungen, denen ich nachhing und in welchen sich damals das »Leben« verbarg und verhieß, schnitten mich nicht nur ab von der Außenwelt, sie machten mich untauglich für ein echtes Erfahrungensammeln, sie machten mich krank. Ja, ich war auf eine ungesunde Art innerlich, hatte die Außenwelt verloren, war ernsthaft gefährdet. Ich war außenblind, weltblind, und ich wünschte mir manchmal, wirklich blind zu sein, um endlich etwas *einsehen* zu lernen, etwas, unter Ausschluß von all diesem nebulösen Andrang, auszubilden im Innern, um daraus eine Anschauung, ein Bild zu gewinnen. Mit diesem Wunsch (nach Hinauskommen) verband sich die Vorstellung einer wahren Erlösung und Freiheit: eines Auf-die-Welt-Kommens womöglich. Ich will auf die Welt, schrie es in mir.

Ich spreche von meinem Jünglingsalter oder von einer Jugendkrankheit, von einer damaligen Gefährdung, aber die Problematik ist mir heute noch dermaßen gegenwärtig, daß ich annehmen darf, sie sei nicht nur für mich oder meine eigene Vergangenheit von Belang.

Um auf die gefährliche Gefühligkeit und Innerlichkeit zurückzukommen und die damit verbundene Unfähigkeit zu sehen (auf das SEHEN): alles stürzte übermächtig auf mich ein, die Natur in den Jahreszeiten zum Beispiel. Die Ahnung des Herbstes in den gebrochenen Lüften, ich meine nicht die Verklärung und Vergüldung, ich meine das erste Kristall Kühle in der Luft und das Umspringen der sommerlich reifen Welt in diesen Glast, dieses Immaterielle, Jenseitige beinah; ich meine diesen ersten Offenbarungsschrekken, der einen durchzuckte und Räume aufbrach, diese Transzendenz. Das Atemanhalten, wenn der Schleier des Gewöhnlichen riß; und die Weitung, die Fernen; diese Berückung. Und in den aufgebrochenen Räumen sprang das Herz wie unter Alarm. Das löste Sehnsüchte aus und Träumereien, und ich hing diesen Dingen nach, nein: nicht diesen Dingen, sondern dieser Orgelmusik, die das Naturgeschehen in mir drinnen entfacht hatte, ich war nurmehr Instrument, das spielte auf mir, spielte mit mir –. Alles spielte auf mir, ich war immerzu absorbiert von solchen Innenausschlägen, alles war mir gleich lieb, weil es *mein* Inneres, *meine* Innenwelt, *mein* war. Ich saß also dauernd auf diesem Logenplatz und konnte vor lauter Einwärtsgerichtetsein nicht mehr loskommen davon. Was war mir da eben wieder durch den Kopf

gezuckt, welches Gefühl oder Unnennbare war da wieder wolkengleich durch mein Gemüt gesegelt, welcher Duft wollte mich da eben wieder zu längst Entschwundenem entführen? Ich saß im Logenplatz meines Innentheaters, von Ungreifbarem, Sinnverwirrendem traktiert, ganz und gar okkupiert.
Das Äußere, Sichtbare galt mir nichts oder wenig, ich wurde kontaktscheu, in mich zurückgezogen und verkrochen, eigenbrötlerisch, befremdlich und lebensfremd: ein Fremdling. Das Leben verlebte sich außerhalb ungelebt, ich konnte es nicht an mich bringen, nicht an-legen, nicht einmal betreten. Ich war auf besten Wegen, ein ausgewachsener Narziß zu werden, interesselos nach außen und schreckhaft, dahindämmernd, verdunkelt, vielfach verstimmt, oft schon in den Griffen der Melancholie. Freud hat in einem 1917 publizierten Aufsatz über »Trauer und Melancholie« diesen Krankheitsfall (oder -Typ) folgendermaßen beschrieben: »Die Melancholie ist seelisch ausgezeichnet durch eine tief schmerzliche Verstimmung, eine Aufhebung des Interesses für die Außenwelt, durch den Verlust der Liebesfähigkeit, durch die Hemmung jeder Leistung und die Herabsetzung des Selbstgefühls.« Ich paßte in dieses Krankheitsbild.

Das Krankhafte dieser Zustände und meines Gesamtzustands war mir aber glücklicherweise bewußt, das heißt, die Gefahr war mir bewußt, und ich suchte ihr zu begegnen und zu steuern, indem ich Kontakt zu dem sogenannt harten Leben suchte, zur Arbeitswelt unter anderem: ich ging auf Bauplätze als Handlanger, ich arbeitete als Gehilfe auf der Bahnpost, mit Vorliebe nachts, trug Zeitungen aus, verdingte mich auf Büros, radelte als Bote der Eilzustellung durch Straßen und Quartiere, nun: ich setzte mich dem (rauhen) Leben aus, um wirkliche, möglichst handgreifliche Erfahrungen zu sammeln, wenigstens um aus mir heraus- und mit der Außenwelt in möglichst physische, konkrete Berührung zu kommen: um Lebensanschluß zu gewinnen, um von mir absehen, um *sehen* zu lernen.

Und aus dem gleichen Grunde begann ich auch Kunstgeschichte zu studieren, denke ich. Ich absolvierte da eine eigentliche Schule des Sehens.

Wenn ich vordem beispielsweise eine Kathedrale eher mystisch erlebt hatte, so wurde ich nun angehalten, das Bauwerk in seiner Konstruktion, seiner konstruktiven Gestalt einzusehen, in seinem Gemachtsein, Gewachsensein, seiner Geschichtlichkeit zu verstehen.

Hatte ich vordem beim Eintritt in eine Kathedrale nichts weiter als diesen verdämmernden Innenraum, diese entrückte und schon fast übersinnliche Stimmungsgewalt empfunden, so wurde ich nun gezwungen, den Innenraum als Gebautes zu erkennen, Mittel- und Seitenschiffe in ihrer gewollten Schlankheit oder Gedrungenheit und wie sie sich zu den Querschiffen, zum Chor und Chorumgang stehen; ich lernte den Schritt der Pfeiler, die Art des Bogenschlags, die Sequenz der Bogen, die Beschaffenheit der Wölbung …: ich lernte den Formgedanken nachempfinden; und ich begann ein Auge für das Gliederwerk der Streben und Rippen zu entwickeln, die das

Ganze tragen bis hinunter zu den Säulenbasen, und wie mit diesem Gliederwerk oder tragenden Skelett das Lastende aufgefangen und in vielen Verzweigungen weitergeleitet wird. Ich lernte begreifen, daß die im Kathedralwerk intendierte Auflösung der steinernen Masse, daß das zum Himmel Strebende, Hochfahrende, ja fast schon Flammende solcher Architektur (und damit die ganze Transparenz) Funktion einer streng angewandten Ingenieurleistung war; und ich begann die spezifische Dämmerung und Innenstimmung als Konsequenz einer berechneten Lichtführung und als Effekt der in den Fensterhöhlen eingesetzten Glasmalerei zu erkennen. Die Kathedrale ist auf dem Grundriß des Kreuzes, des Christus-Kreuzes, errichtet, sie will ein Himmlisches Jerusalem illuminieren, und dieser Vision und Gesamtkonzeption verleiht die weitläufige skulpturale Ausstattung Ausdruck. Jede Figur, Fratze oder Knospe, jeder Pfeiler, jede Rippe, jeder Stein ist Teil und Glied eines Gesamtprogramms, das dieses Himmlische Jerusalem auf Erden statuieren soll. Dieses Programm war lesbar für die des Lesens unkundigen Massen der Gläubigen, weshalb man es auch die Armenbibel oder Biblia Pauporum nannte: auch solches Wissen lernte ich nun in der optischen und haptischen Gestalt des Bauwerks mitsehen. Ich lernte die Innenansicht mit der wehrhaften, ja bisweilen igelstarrenden Außenansicht zusammensehen – kurz: ich lernte meine vagen Eindrücke einzuhängen in die bauliche Gestalt. Ich lernte optisch rekonstruieren, konkretisieren. Und dasselbe lernte ich aus den Malereien und anderen Kunstwerken der verschiedensten Epochen.

Ich hatte also mit einer eigentlichen Schule des Sehens meinen Innenwelts- oder Innerlichkeitskerker zu sprengen vermocht, ich war hinausgelangt aus mir, das heißt, ich war über den reinen Gefühlsmenschen hinausgekommen und zu den Dingen und Menschen vorgedrungen; auch war ich mittlerweile Schriftsteller geworden. Und ich war ein sinnlicher, ein sinnenhafter Schriftsteller geworden, wie man mir attestierte. Fast möchte ich sagen: ich war ein Lichtmensch oder doch *Tagmensch* geworden.
Ich komme auf diesen etwas übertriebenen Ausdruck, weil mir nur zu gut erinnerlich ist, wie sehr ich in Unruhe und Schlimmeres, in eine tiefgehende Verunsicherung, ja Bodenlosigkeit verfiel, jedesmal wenn das Tageslicht schwand. Mit dem Einbruch der Dunkelheit stellte sich bei mir lange Zeit Hoffnungs- und Haltlosigkeit ein, ich schien aus der Welt zu fallen. Wenn die über die Augen und überhaupt Sinnenwege laufende Zufuhr ausfiel, so wie der elektrische Strom ausfallen kann, dann stürzte ich in ein Nichts oder doch in eine grausliche Fremde und Einsamkeit. Ich hatte noch nicht das nötige Eigengewicht, um bei mir Einkehr zu halten. Ich fühlte mich herausgetrennt und abgeschnitten von allem und wahrhaft konsterniert.

Ich war also ein Sinnen- und insbesondere Augenmensch geworden, es war die Zeit meines Buches »Canto«, ein Lebensabschnitt, der mit einem längeren römischen Aufenthalt zusammenfiel, meine schriftstellerische Geburtszeit, möchte ich annehmen. Und es war die Zeit einer entsprechend gierigen Lebens- und Weltbemächtigung, ein Hineinfressen von Dasein war es – und ein Kommunizieren, rauschhaft geradezu. Ja, rauschhaft ist es zu nennen, wie ich mich nun dem Leben im Licht, dem Tagleben, aussetzte, hingab und hinschenkte. Ich war zeitweilig ein schon fast berufsmäßiger Flanierer und Lebensbeobachter, ich war immerzu auf der Augenweide, und alles war mir Augenweide. Das war nun kein Stimmungserleiden mehr: andauernd formulierte es in mir, ich will damit sagen: eine Sprachlust war in mir freigeworden, angeregt durch das Schauen und In-mich-Saugen, eine Wortlust; eine Lust, Worte zu artikulieren und Sätze und zwar mit nichts anderem als dem, was mir die Sinne und insbesondere die Augen zutrugen. Ich ergriff diese Elemente (dieses Rohmaterial) gierig und nahm das alles in meine Sprachmühle auf, die bisweilen schon fast einer Gebetsmühle glich. Ich war ein Lebensstammler mit Worten, ein Sprachmensch ganz und gar und insofern ein Übersetzer und Hersteller, ein Wirklichkeitshersteller – mit Worten. Die in mir arbeitende und laufende Sprach- oder Sprechmaschinerie griff wahllos auf, was die Sinne herantrugen, alles war gleich wichtig, ich hatte nur Materialien, keine Themen: ich wob mit Worten an einem sinnenhaften Daseinsteppich. Ich vergewisserte mich solchermaßen der Wirklichkeit.

Damals konnte ich von mir sagen: Die einzige Wirklichkeit, die ich kenne und anerkenne, ist diejenige, die in meinen Worten zustandekommt. Über die Sinnenwege erschuf ich mir mit meinem Sprachapparat gewissermaßen die Welt. Oder, anders gesagt, ich schrieb mich mit den erwähnten Mitteln dem Dasein

ein. Ich schrieb, *damit etwas stehe, auf dem ich stehen kann*, wie ich es damals, anfangs der sechziger Jahre, formulierte.

Aber ich war nach wie vor ein Fremdling im Leben, ich hatte keinen eigentlichen Standort, auch keinen rechten Weltbesitz, nur diese Schreibpassion in Fingern, mit welcher ich mir gerade so viel Boden- und Standfläche verfertigte, daß ich nicht abstürzte. Ich war immer noch nicht *in* oder *auf* die Welt gekommen, höchstens an die Wirklichkeit in ihrer sinnlich erfahrbaren Oberfläche, ihrem trügerischen Erscheinungsmantel, *herangekommen*. Das spürte ich schmerzhaft nachts, wenn ich mit der Unterbrechung des besagten Stromanschlusses buchstäblich aus der Welt und in die tiefste Fremdheit fallen konnte. Und ich erlebte es immer wieder in den Großstädten, wohin ich (zu Arbeitsaufenthalten) so gerne flüchtete, weil hier die Lebens- und Ereigniszufuhr schier unerschöpflich schien.

Ich verzog mich nach meinem einjährigen Römer Aufenthalt während Jahren nach London in Klausur und dann nach Paris. In solchen Städten konnte ich darum besonders gut arbeiten, will sagen, die Einsamkeit des Schreibens aushalten, weil ich mich von unaufbrauchbaren Haufen und Strömen von Leben umgeben wußte; es genügte ein kleiner Abstecher hinaus auf die Straßen, um mich dieses bunten und wilden Lebens zu versichern, auch um mich aufzuheizen mit, nun, mit Lebensgefühl.

War ich draußen auf den Straßen, im Geschiebe und Geflute des Lebensbetriebs, dann war mir warm (und wohl), ich war mittendrin »im Strom des Lebens«, in der Stadt, vereinigt, selber Element, selber Stadt, zwar untergehend in ihrem Vielen, aber immerhin Teil von ihr und somit teilhaftig. Also durchströmt und zugehörig und gesteigert, aber dies auf eine letztlich blinde, vital-animalische Weise: *lebend verlebt und verzehrend verzehrt,* wie ich es für mich nannte.

War ich aber zurück und also drin in der Wohnung, bei mir, dann war ich entfallen, weil dieses Allumberührtsein und also Aufgehoben- bzw. Teilsein nicht mehr herzustellen war, auch mit Worten, mit Verbalisieren nicht. Ja, dann war ich entfallen und ausgestoßen, abgespalten war ich und auf mich zurückgeworfen. Kann dieses Aufgehobensein, kann dieses Teilhaftigsein nicht mehr herstellen, kann all die Myriaden Partikel, die mich draußen umspülen und umhüllen, durchpulsen und ausmachen, wenn nicht hervorbringen, kann diese runde Summe »Wirklichkeit« nicht mehr herstellen. Das ist durch Bewußtmachen nicht einzuholen. Nur in der flüchtigen Vereinigung bin ich zugehörig und – eins damit: erlöst in einer Art Liebe, erlöst vom Los der Vereinzelung. Erlöst vom Schmerz der Erkenntnislosigkeit. Beim Daheimsein hingegen stellt sich einzig das Bewußtsein der Abspaltung ein und der Ohnmacht. Das ist wie: nicht gelebt haben. Nahedransein und nichts begreifen. Und der Tag- und Lichtmensch erlosch selber bei Einbruch der Nacht und entfiel allem und jeder Gewißheit.

Und nun komme ich von dieser Ohnmacht zur Vollmacht, von dieser Art ohnmächtigem Sehen zum anderen Sehen, das not tat und nottut: zum Sehen aus Einbildungskraft und Einbildungsvermögen, zum inneren Sehen und Bilderschatz.
Um auf die beschriebene sinnenfreudige Selbstveräußerung zurückzukommen: dieses Aufschreiben vermochte auf die Dauer nicht zu befriedigen. Das war ein richtungsloses Lebenabschreiben, ein Dasein-Notieren, ein Memorieren und Impressionieren, auch Reagieren; und das war im Grunde ohne Ende und aussichts-, weil bodenlos. Das Leben verflüchtigte sich in solchen Aufschreibungen, es war ja doch nie einzuholen. Es galt, zu Stoffen und Figuren vorzustoßen, es galt, von einem Aufsagen und Nachsagen zu einem *Aussagen* zu kommen. Was hatte ich denn bisher vermocht? Ich hatte schreibenderweise die Gestik eines in der Fülle Ertrinkenden vorgelebt, war aber kaum je zu etwas Essentiellem vorgestoßen. Wollte ich dahin gelangen, so galt es, wie mir aufging, das *Vergessen* zu praktizieren.
Mag die Ereignisfülle einer Geschichte oder Lebenspassage, mag das Bewegende noch so stark und der Widerhall im eigenen Wesen noch so aufregend sein: es ist aussichtslos, all das mitschreiben zu wollen. Man wird im Moment ja doch nicht durchschauen können, man ist viel zu sehr verstrickt, ist selber Opfer und Objekt und weit davon entfernt, souveränes Subjekt, also – im Sinne des Erzählers – der Sache Herr zu werden. Der in seinem Erleben befangene und möglicherweise gefolterte Absolvent (der Geschichte) soll imstande sein, vorläufig abzusehen von

seinem Lebensstoff. Er soll diese Materie, seine Gegenwart, vergessen, er soll sie überdauern, er soll Zeit darüber gehen lassen, er soll sie vorläufig abzuschreiben wagen, er soll verzichten können. Er soll sie durchstehen.
Und er wird viel später, wenn alles durchgestanden und der Abstand genügend groß ist, bei einigem Glück fähig sein, sie aus seiner Tiefe heraufzuholen, aber nun in einem hoffentlich essentiellen Sinne, vom rein Subjektiven abgelöst. Er wird sie am Faden seiner Erinnerung gewissermaßen neu *erfinden* und entwickeln, er wird sie wie eine fremde oder eben wie eine gefundene Geschichte ausbreiten können, und dennoch wird sie, da sie erlebt war, in der denkbar größten Lebendigkeit, ja Sinnenhaftigkeit erstehen. Sie ist durch eine Zeit gefiltert, nun holt er sie herauf aus seinem Unteren, seinem Bilderschatz und zwar in aller Freiheit des aus der Einbildungskraft schöpfenden Autors. Er schöpft wie aus einem Brunnen, staunend bisweilen, da ist nichts verloren. Er schöpft aus dem Brunnen eines unverlierbaren Besitzes. Nun kann er ausgeben. Dieses Schauen, dieses Einschauen und Ausgeben, dieses versunkene und gleichzeitig herrlich (leichte) »Erfinden« aus reiner Vorstellung heraus hat mich immer am Wunschbild des blinden Sängers HOMER fasziniert. Dieses In-sich-Versammeltsein. Dieses Wesentlich-geworden-Sein.

Mit dem Bild des HOMER verband sich mir immer die Vorstellung eines *Auf-Grund-Seins*, weiß nicht wieso. Er war nicht aufrecht, er saß in sich versunken, aber nicht auf einem Stuhl oder auf einer Bank und

nicht einfach am Boden: er war auf Grund oder auf dem Grunde – wie ein Kieselstein, ein Stein.
Und diese Grundfühlung war etwas, das mir außerordentlich erstrebenswert erschien, vor allem zu einer Zeit, da es mich recht lebhaft herumtrieb.
Die Grundfühlung! Ich selber hatte diesen Zustand oder doch einen annähernd ähnlichen Zustand ein paar Mal herbeiführen können: ich war unterwegs gewesen, in einem Lande, in dem ich mich nicht einmal verständigen konnte, ich war der Sprache nicht mächtig, wie man sagt, und ich hatte einige Wochen sehr intensiv gelebt. Ich meine hiermit nicht, daß ich ein allzu buntes Leben geführt hätte, im Gegenteil: es war eher so etwas wie eine Bewährungs- und Mutprobe, was ich durchgestanden hatte, ich hatte viel aufs Spiel gesetzt, ich war durch ein Feuer gegangen. Ja, es war eine Art Feuertaufe gewesen, und dabei hatte ich mich ganz vergessen. Ich war aus der Haut meiner bürgerlichen Person und Position geschlüpft, ich war ein Herr Unbekannt, ein Nichts und Niemand geworden, eine Art Treibholz. Aber ich war nicht untergegangen, auch hatte ich nichts verloren, bloß gewonnen. Und dabei hatte ich ein seltsames und neuartiges Realitätsgefühl erfahren: ich kam mir vor, als hätte ich allen Ballast abgeworfen. Mehr: als hätte ich mich bis auf die Knochen verringert, ich schien mir wirklich in Knochen zu gehen. Da war keine Rolle mehr, die ich zu spielen, waren keine Positionen, die ich einzunehmen oder zu verteidigen nötig gehabt hätte, war kein Besitz, nicht einmal ein Ansehen, nichts. Ich war namenlos, aber ich kam mir nicht nur kan-

tig oder eben knochig vor, sondern, nun, nahezu wesentlich.

Es war, als füllte ich mein Leben aus. Es war kein großes oder besonderes Leben, aber ich fühlte es bis auf die Knochen, ich fühlte meinen Umriß, ich fühlte den Hunger wie noch nie und den Durst und die Müdigkeit, und die Gedanken waren Gedanken, die nicht einem Fernen oder Angedachten oder Zufälligen oder Spekulativen galten, sondern ganz genau dem Hier und Jetzt, und dabei war ich frei und leicht, frei von Wahn und auch von überspannten Hoffnungen, ich war auf ganz besondere Art bei mir selbst und dennoch namenlos, ja, und rein fühlte ich mich oder auch sauber, fast wie ein Rekonvaleszent. Und dabei schwang etwas leise Jubelndes mit: wie wenn ich auf einen Grund gestoßen, angekommen, ich meine: aus dem Schaukeln und Schweben und Vagabundieren und Spintisieren abgefallen und auf einem Grund angekommen wäre. Ich glaube, ich hatte das Empfinden, wesentlich geworden oder doch nahe daran zu sein, wenn ich auch weit davon entfernt war, nach einem Wort für meinen Zustand zu suchen: ich *war*.

Ich war neidlos und eigentlich auch hoffnungslos, aber auch furchtlos, ich war. Ich hatte das alles nicht nötig. Ich war eben nur gerade so viel, wie ich wirklich war, also wohl kongruent mit mir selbst und meinem Lebenszustand und nicht weiter reduzierbar.

Ich habe mich zu dieser ziemlich langen Abschweifung verführen lassen, um auf das – für mein Empfinden – homerische Auf-Grund-Sein zurückzukom-

men. Ich könnte es auch ein In-sich-Versammeltsein nennen.
Das Wort *versammelt* liebe ich, es hat zum Gegensatz das Zerstreutsein. Es hat mit Dichte zu tun und wohl auch mit dem Dichten und den (echten) Dichtern. Ich habe in meinem Leben einige wenige Menschen kennengelernt, die dieses Versammeltsein ausstrahlten. Sie waren zuerst fast nicht auszuhalten, diese Menschen, weil die Anforderung, die sie an einen stellten, so groß war. An ihrem Beispiel war zu ermessen, wie sehr oder in wie hohem Grade die meisten unwesentlich oder eben nicht in sich versammelt, sondern zerstreut, auch hinter Masken verborgen, wenn nicht immerzu auf der Flucht sind; fast unerreichbar oder besser: unauffindbar. Aber die wenigen In-sich-Versammelten waren auf eine schon fast einschüchternde Weise »da«, und es ging von ihnen eine Art Vollmacht aus, ich kann es auch eine unerhörte Präsenz nennen. Sie brauchten nicht immerzu auf anderes zu verweisen, sie waren präsent aus eigener Lebendigkeit, eigengewichtig, aber darum nicht beschwerend. Ja, sie verfügten sichtlich über eine Welt, und sie konnten ausgeben.
Die sitzen da wie Berge und können aus ihren inneren Bergwerken zu Tage fördern, ohne sich zu verausgaben, sie werden nicht ärmer dabei.
Mit dem Bild des Berges meine ich sowohl das Ruhende, Schichten-Reiche, die (Geschichts)Dichte wie auch dieses selbstverständliche Hineinragen mitten in die Gegenwart. Dieses Gipfeln, geradezu lächelnde heitere vergnügte In-den-Augenblick-Hineinragen aus so viel Untergrund, Unterwelt. Und das rauchte

oder gurgelte aus allerlei vulkanischen und anderen Quellen, und manchmal kamen Lavaströme aus ihnen, manchmal Funken- und Aschenregen, manchmal auch nur dieses buddha-artige oder sphinxische Grinsen. Aber diese unerhörte Gegenwärtigkeit, dieses Versammeltsein. Selbstversorger aus tausend kommunizierenden Gefäßen. Bäume reisen nicht, hat einmal ein Dichter gesagt, und das gilt auch für die Berge.

Ich spreche von einem (homerischen) *Wunsch*bild, ich idealisiere, heroisiere wohl, um jenen mir überaus wichtigen Aspekt, den wir Imagination oder Einbildungs-, Vorstellungskraft nennen, zu zeichnen. Ich überzeichne, zugegeben – denn vom gänzlich unrührbaren unerschütterlichen Bergriesen und Menschengiganten wäre ja auch wieder nicht so viel zu halten, nicht genügend Menschlichkeit vielleicht. Andererseits ist nicht auszuschließen, daß die Berges- oder Gebirgsruhe eine trügerische Ruhe sei, die das Bewegtwerden lediglich verheimlicht, und manchmal beben selbst Berge.

Ich denke, das Imaginierenkönnen hat mit Versenkung zu tun, man muß sehr viel versenkt haben an Eindrücken, Bildern, Erfahrungen, Schmerzen, Lüsten, an Leben; und das Versenken wiederum hat mit Geduld oder Zeit zu tun oder mit »Läuterung« – ein Wort, das ich lieber vermeiden möchte, weil ihm leicht ein falscher Klang anhaftet. Statt von Läuterung ziehe ich es vor, von *Erinnerung* zu sprechen, wenn man darunter die geheimnisvolle Verwandlung von Lebensstoff in jenen anderen, von allem Anekdotischen, Biographischen und Subjektiven befreiten, ja vom Anlaß und damit Begründbaren abgelösten Aggregatszustand verstehen will, der mehr mit Bildern als Worten gemein hat, aus welchem aber Dichtung entsteht.

Nachbemerkung

Aufgefordert, mir über das SEHEN Gedanken zu machen, habe ich mir zunächst überlegt, ob es in meinem Leben, meiner Biographie etwas gebe, das mich berechtigen und motivieren könne, zu diesem Thema Stellung zu nehmen. Natürlich war mir bewußt, ein riesengroßes, ein wahrhaft komplexes Thema vorgesetzt zu bekommen, würdig, von einem Philosophen, wenn nicht von einem ausgemachten Gelehrtenkollegium und -Kolloquium angegangen zu werden.
Goethes Bemerkung über das Sonnenhafte des Auges fiel mir ein und seine Farbenlehre. Allein schon am Gegenstand der Farbenlehren, einem Gebiet, das ja unmittelbar aus dem Sehen hervorgeht und Gesetze der Physiologie ebenso wie der Physik berührt, darüberhinaus aber Probleme von der Ästhetik bis zur Erkenntnistheorie aufwerfen mag, läßt sich die Vielfächrigkeit der Thematik ermessen. Alle Kunst hat naturgemäß mit der Sache des Sehens zu tun, aber ebenso die Medizin und mit ihr die Tiefenpsychologie – vom Parapsychologen und Hellseher ganz zu schweigen. Der Hellseher läßt einen an den notorischen Schwarzseher denken und beide wiederum an den Propheten, die Prophetie. Dagegenzusetzen das

Fernsehen! Oder die Vorsehung – doch dieser Begriff ist seit Hitler so gut wie unaussprechlich geworden.
Vorsicht und Nachsicht, Kurzsicht und Weitsicht und die Teleskopie und der Sterngucker und die Mikroskopie, ja selbst Astrologie und Astronomie ..., ja, was hängt nicht mit dem Sehen zusammen? Und nicht zu vergessen die Photographie. Welch ein Sprung und nicht nur ein Gedankensprung: vom Bildjäger mit der Kamera um den Hals und von seiner »Optik« zur Optik in der allgemeineren und ursprünglichen Bedeutung des Wortes. Und von da zu den großen Begriffen wie Anschauung, Weltanschauung, zum Weltbild, den Weltbildern bis hin zur Vision.
Nun hatte man aber die Frage an mich gerichtet, und da ich weder Kulturphilosoph noch Enzyklopädist, sondern Schriftsteller bin, so begann ich denn in meinem eigenen Erfahrungsgebiet über das Problem nachzudenken. Das Ergebnis stellt, wie ich zugeben muß, nur einen sehr engbegrenzten und wohl sehr subjektiven Beitrag zur Sache dar. Und dieser Beitrag hat ebensosehr mit dem Schreiben und der Sprache wie mit dem Sehen zu tun und, da ich mit beidem vital verhängt bin, notgedrungen mit mir selbst. So kann ich nur um *Nachsicht* bitten, wenn meine Abhandlung des Stoffes streckenweise auf dem Stramin der Rechenschaft oder gar der Konfession abgewikkelt wurde.

(1979)

Nachwort

Die hier versammelten Texte sind verstreut in Zeitungen und Zeitschriften erschienen – der früheste 1960, der letzte 1990. Die Absicht war nicht, einen Horizont abzustecken, eine Bilanz zu ziehen oder gar eine Quintessenz. Nichts dergleichen, nach Abrundung stand mir nicht der Sinn.

Zugegeben: vor langem schon trug ich mich mit dem Gedanken, einen Essayband herauszugeben, weil so etwas sich in der Garderobe eines Autors gut ausnimmt ... Doch was ist ein Essay?

Beim Stöbern in meinen Ablagen stieß ich auf eine Anzahl größerer Arbeiten, die sich allenfalls in einem weitgefaßten Essaybegriff hätten unterbringen lassen; zu meiner Überraschung kamen jedoch Unmengen disparater ›Gelegenheitsarbeiten‹ zum Vorschein, die mich insofern zu interessieren begannen, als sie das das Bücherschreiben begleitende oder unterbrechende Andere, das Nebengeschäft (das häufig das Brotgeschäft war) dokumentieren.

Es gibt Schriftsteller, die verschiedene Federn führen, unter anderem eine Sonntags- und eine Werktagsfeder. Das ist bei mir weniger der Fall. Beim Lesen in dem wiedergefundenen Material konnte ich mich gut daran erinnern, wie sehr ich mitunter beim Abfassen unter Zeitdruck geschwitzt hatte, aber auch an Formulierungsfreuden und an die Lebensumstände beim einen oder anderen Text erinnerte ich mich wieder. Ich verlor mich in Handwerksreminiszenzen und

Werkstattklimata und dachte, interessanter als ein stubenreiner Essayband könnte eine Zusammenstellung heterogener Elemente und Exempel werden, wenn die Montage nur imstande sei, das erwähnte »andere Geschäft« zu dokumentieren, das auch zum Poetenleben gehört.

Dieser Band ist keine Sammlung, er ist eine Auswahl-, wenn nicht Musterkollektion. Er entstand aus Lust am Mustern, am Interesse am Muster.

Paul Nizon
April 1991

Inhalt

I

II

III

Suhrkamp Verlag GmbH
Torstraße 44, 10119 Berlin
info@suhrkamp.de
www.suhrkamp.de